教育・保育実習に役立つ

# 部分実習指導案集

宮川萬寿美　総監修

萌文書林

# はじめに

　幼稚園教諭・保育士を目指す皆さんは、保育の場で働くことを目標にして「保育」について学ぶ毎日を送っていることと思います。保育の場で専門職として働くには専門家としての資格・免許が必要です。そして、資格を取るためにはもれなく「実習をする」必要があります。

　保育の場では子どもとただ遊べばよいのではなく、保育者は子どもが自らの興味や関心に基づいて自発性を発揮して生活することを援助します。園では目標を立て、どのような方法や内容で保育を展開するのか、様々な「仮説」を立てて、実践に臨みます。その仮説が「指導計画案（指導案）」です。

　このテキストには、部分実習指導のときに、実習生が取り組みやすいような表現系の指導案を集めました。音楽、造形、身体・運動、言葉の表現に関わる専門家の教員が書いた指導案であるため、「指導案の特徴」の項目には各表現のもとになっている表現方法や素材、指導の視点・道筋などが示されています。この指導案集を参考に、子どもの発達を促し、感性を育てる指導案を立案しましょう。

　基本の視点が学べますので、就職してからも活用してください。

2024 年 7 月　総監修　宮川萬寿美

[本書の記述について]

① 本書では、幼稚園教諭および保育士、また職名としての保育教諭について、「保育者」「担任保育者」と記しています。

② 指導案の環境図においては、実習生→㊐、担任保育者→㊐、子ども→○と表しています。指導案内では、実習生も保育者と表記しています。

③ 準備するものは環境図の中に示していますが、その詳細や実施のためのポイントは指導案の後ろに例示しています。

④ 文字の表記については、基本的に「幼稚園教育要領」「保育所保育指針」「幼保連携型認定こども園教育・保育要領」に基づいています。

# 目　次

はじめに ………………………………………………………… 003

## 1. 実習と指導案

1. 実習について ……………………………… 008
2. 実習の流れ ………………………………… 009
3. 部分実習指導案について ………………… 010
4. 部分実習指導終了後の記録 ……………… 014
5. 指導案などの文書作成時の留意点 ……… 015
6. このテキストの生かし方 ………………… 016
7. 実習園からの評価 ………………………… 017

## 2. 音楽遊びの部分実習指導案

(1) 2歳児クラス　3月　　好きな色 ……………………………… 020
(2) 2歳児クラス　11月　耳をすまして …………………………… 024
(3) 2歳児クラス　2月　　マラカスの音色を楽しもう …………… 028
(4) 2歳児クラス　9月　　たまごのうた …………………………… 032
(5) 2歳児クラス　10月　お祭り太鼓 ……………………………… 036
(6) 4歳児クラス　11月　手作りマラカスを奏でてみよう ……… 041
(7) 5歳児クラス　12月　もちつきあそび ………………………… 045
(8) 5歳児クラス　7月　　楽器を楽しもう ………………………… 049

## 3. 造形遊びの部分実習指導案

(1) 3歳児クラス　6月　　ボトルキャップでつくろう …………… 056
(2) 2歳児クラス　2月　　うでかざりをつくろう ………………… 060
(3) 2歳児クラス　7月　　お花紙をちぎって貼ろう ……………… 063
(4) 4歳児クラス　10月　大きなおいもをみんなで描こう ……… 067
(5) 4歳児クラス　10月　オバケの世界 …………………………… 073
(6) 5歳児クラス　10月　うずまきであそぼう …………………… 076

（7）5歳児クラス　9月　コースターをつくろう ＜編む＞ ………… 080

## 4．身体遊び・運動遊びの部分実習指導案

（1）2歳児クラス　6月　トントン、ぴょんぴょん跳べるかな？ …. 088

（2）2歳児クラス　2月　風船あそび ………………………………… 092

（3）4歳児クラス　6月　動物のまねっこをしよう ……………… 096

（4）5歳児クラス　4月　ドッジボール …………………………… 101

（5）5歳児クラス　6月　変身、○○にな〜れ！ ………………… 105

## 5．言葉遊びの部分実習指導案

（1）3歳児クラス　12月　動物さがし …………………………… 110

（2）2歳児クラス　12月　くだものなあに？ …………………… 113

（3）5歳児クラス　6月　季節のうたあそび ……………………… 116

（4）5歳児クラス　11月　言葉マップを楽しもう ……………… 120

（5）5歳児クラス　12月　かるたあそび ………………………… 124

## 6．生活場面の部分実習指導案

（1）4歳児クラス　12月　朝の始まり ……………………………… 131

（2）5歳児クラス　11月　見通しをもって1日を始めよう ………… 134

（3）2歳児クラス　2月　いつもと違う場所で知っている遊び …… 138

（4）2歳児クラス　7月　何でも食べよう ………………………… 141

（5）3歳児クラス　7月　きれいになったかな？ ………………… 144

著者紹介／執筆分担 ……………………………………………………… 148

# 1. 実習と指導案

　幼稚園教諭資格や、保育士資格を取るためには、保育現場で実習を行うことが必須とされています。保育者が計画を立て、ねらいをもって保育を進めているのと同様に、実習生が子どもの前に立って保育を主導するときにも保育の計画を立てる必要があります。それを保育の指導計画案（以下指導案）といいます。皆さんにとっては、特にこの指導案の立案が難しいと感じるところではないでしょうか。

　保育者養成校で学んでいる皆さんは色々な保育技術を習得してきていますので自信をもって実習に臨んでください。保育現場ではしっかりと子どもを観察したうえで、自分の知識・技術・個性を活かしつつ、どのようなねらい・内容にしたいか考え、指導案に書き起こしていきましょう。

　もし実習生自身に苦手な分野（例：ピアノなど）がある場合、実習に赴く日までにどのように補強していくか、養成校の先生と相談しながら実習の準備を進めていくことをお薦めします。どうぞ実習前だけでなく実習中も、本書を折に触れてひも解いてください。皆さんの豊かな実習体験につながる一助になればと思います。

## 1. 実習について

　幼稚園教諭免許や保育士資格を取得するためには、それぞれ幼稚園教育実習と保育実習に行くことが定められています。保育者養成校で学んだことを基礎に、実際に園に赴き「実習生（将来幼稚園教諭や保育士として働く人の卵）」として実習を行います。実習期間は以下のとおりです。

○幼稚園教諭免許の場合　　→　幼稚園や幼稚園型認定こども園（4週間）
○保育士資格の場合　　　　→　保育所と施設（それぞれ10日以上を合計3回）

　実習では幼稚園や保育所・認定こども園において、子どもと保育者がどのような一日を過ごしているのか、子どもたちがどんな遊びをして何を感じているのか、園ではどのような方針で子どもたちを育てようとしているのかなどを学びます。保育現場での実習では、学校での座学とは異なり、動きながら以下の点を学んでいくのです。

①園の保育方針
②園における保育の一日の流れ
③園で働く人々の職種とそれぞれの職務内容
④担当クラスの子どもたちの発達や、遊びの内容

　実習生は、実習において単に普段の保育を体験するだけでなく、子どもたちの前に立って保育を主導することも求められています。そういった、子どもの前に立って保育を主導することを「部分実習（一日の一部分の時間を実習生が主導する）」とか「責任実習（一日の全ての時間を実習生が主導する）」といいます。

　そもそも保育者は保育を計画し意図をもって保育を行っています。保育者の卵である実習生も、同じように子どもを観察したうえで、自分なりの保育の意図（ねらい）をもって保育を計画し実施するのです。その保育の計画を、指導計画案（以下指導案）といいます。

　実習生があらかじめ保育の指導案を考え、実習を行うクラスの担任の先生に見てもらったり添削をしてもらったりすることで、保育がスムーズになります。（図1-1参照）またそれだけでなく、実習生自身が「ねらい」をもって保育を主導することで、日々行われている保育の裏側には、保育者の意図や願いがあり、それが保育の内容に表れているということに、より深く気付けるようになるのです。

　部分実習を成功させるために、先述した上記の4つの点を、部分実習実施までに把握しておくとよいでしょう。

## 2. 実習の流れ

　ここでは、おおまかな実習の流れを確認しましょう。まず実習では観察実習を行うことが多いです。観察実習とは、保育の流れや保育者の動き・子どもたちの様子などを観察し、自分なりの考えをもち、自ら行動できるようになるために行うものです。実習中に保育の流れなどをメモしてもよいかは、あらかじめ保育者に聞いておきましょう。

　参加実習には2種類あり、全く保育に参加せずひたすらメモをとるタイプの参加実習と、保育に参加しながらさりげなく子どもたちや保育者の様子を見るという参加実習の2種類があります。実習のプログラムとしては、観察実習 → 参加実習 → 指導実習（部分・責任実習）という流れをとることが多く、徐々に実習生が自ら動いていけるよう考えられています。

　指導案を書く前に、子どもたちの様子をしっかりと観察し、今子どもたちが楽しんでいる活動は何なのか、身体の発達や言語の発達はどのくらいなのか等を把握します。そのうえで指導案を書いていきます。部分実習実施の流れは以下のとおりです。

①観察　担当クラスの子どもたちを観察し、発達等を把握する。
②考案　このクラスの子どもたちには、どんな活動がふさわしいか考える。
③計画　活動の「ねらい」を定め、それに合った保育内容や流れを考え指導案に記載する。
④実施　園に指定された日時に、任された時間内に保育を終えることを念頭におきながら保育を実施する。
⑤省察　部分実習後その保育について振り返り、良かった点や反省点を考え、考察欄に記載する。

　注意点は、③の「計画」です。実習生があらかじめ書いた指導案は、園の実習担当者やクラスの担任保育者に見せ、確認してもらう必要があります。アドバイスを受けた場合は、訂正したうえで再提出をし、本番を迎えます。

図1-1　部分実習実施までの流れ

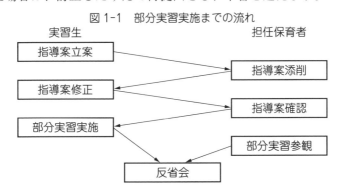

## 3. 部分実習指導案について

### （1）指導案の基本

　部分実習は、どのようなタイミングで行うものでしょうか。もしかしたら初日から「絵本を読んでね」と保育者から依頼され、子どもたちの前で絵本を読む機会をいただけるかもしれません。しかしそのようなスポット的な（あらかじめ計画をしていない）保育は、部分実習としてカウントしません。

　例えば、「朝の会」をやってみましょうと保育者に言われ、あらかじめ朝の会の流れを書いた指導案を提出し、決められた日時に実行したとします。これは部分実習に該当します。あるいは主活動（朝の会終了からお昼ご飯までの約90分）をやってみましょうと言われる場合もあります。このように、日時とタイミング（持ち時間）が決められ、あらかじめ指導案を書いて実行したものを部分・責任実習といいます。

　冒頭で、絵本読みを急に振られることがあると書いたように、スポット的な依頼はよくありますので、手遊びなどの保育レパートリーをたくさんストックしておくことが大切です。またオリエンテーションなどで毎日歌っている歌の楽譜をコピーさせてもらい、実習までに練習しておくことも大切です。

　さらに保育の年間指導計画や、月案・週案をあらかじめ教えてもらうことも大切です。園のおおまかな保育方針に合った部分実習内容にすると、ワンランク上の評価を受けることでしょう。

　では、主活動を行うと仮定して考えてみましょう。流れとしては子どもたちの様子から保育のねらいを考え、保育内容を決めます。以下に実習で行う活動のヒントとなるものをいくつかあげておきます。

- 子どもたちの姿（年齢・発達・はやっていること）
- 実習を行う月（季節に合うもの、あるいはその月にあるイベント）
- リズム遊びのような身体的な動きのあるもの
- 製作のような手を動かすもの

　主活動の内容は、大きく2つに分けられます。「動」（身体を動かす）の活動と「静」（製作など）の活動です。たとえば、リズム遊びを行う場合は「動」の活動に分類されます。どの年齢の子が、どのくらいの動きができるのか、そういった年齢ごとの一般的な身体発達を確認しながら指導案を作成します。

　3-（3）には製作「うで時計」の指導案を載せていますので参考にしてみてください（P.12　3-（3）指導案参照）。

部分実習指導案作成用テンプレート

3. 部分実習指導案について

（2）指導案の各箇所の説明

1. 実習と指導案

## 部分実習指導案

実施日：（　　　）月（　　　）日（　　　）曜日

対象児：（　　　）歳児（　　　）名（　男　　名／女　　名　）

テーマ：

◉ 主な活動内容 ◉

◉ 子どもの実態 ◉

・日頃の子どもたちの生活の様子、何に興味・関心があるか、具体的に書きだす
・できれば２項目

（例）室内では～

外遊びでは～　等

◉ ねらい ◉

・子どもたちに、どのようなことを体験してほしいか、何を身に付けてほしいか、などを書く
・できれば２項目
・主語は「子ども」
・単語、体言止めではなく、文章で書く
・文末表現は「～させる」「～を教える」ではなく、「～に興味をもつ」「～の理解を深める」「～を体験する」などにする
・対象年齢の子どもの発達にあったねらいを定める
・幼稚園教育要領や保育所保育指針等の５領域にしめされている「ねらい」を参考にする

| 時間 | 環境構成 | 予想される子どもの活動 | 保育者（実習生）の援助・配慮点 |
|---|---|---|---|

**時間**
・活動にかかる時間を予測
・１分刻みでなくてよい

**環境構成**
・ねらいが実現できるような環境を考え、具体的に図で示す
・子どもが活動しやすい環境をイメージする
・定規を使う
・あらかじめ準備しておくものなども示す

※物的環境（教材・机・椅子など）
※人的環境（子どもたち・保育者・実習生）

**予想される子どもの活動**
・子どもたちがどのように活動するかを想像して記入
・様々な角度から、子どもの反応や姿を想定し書きだす
・主語は「子ども」

※主活動は◎
大項目は○
小項目は・

**保育者（実習生）の援助・配慮点**
・子どもの活動に合わせた援助と配慮点を具体的に書く
・「予想される子どもの活動」に対応
・「様々な子ども」への援助・配慮を詳しく書く
・要点をつかんで書く
・保育者の姿をイメージする

※「予想される子どもの活動」と横並びに書く（ずれないように）
※文末表現は「～させる」「やらせる」「～してあげる」「指導する」などは使わない。「～と声をかける」「伝える」「説明する」「促す」「見守る」「留意しながら進める」などのように使う

【その他】保育の展開について
・導入⇒展開⇒まとめの流れで立案する
・導入が唐突に始まらないように、子どもが自然と興味をもつようなしかけを心がける
・展開（主活動）は、初めて聞いて理解できるか配慮する
・時間配分に留意、計画を立てたらシミュレーションする

11

## 1．実習と指導案

### （3）部分実習指導案（例）　―時の記念日に時計作り―

# 部分実習指導案

実施日：（　6　）月（　10　）日（　水　）曜日
対象児：（　5　）歳児（　16　）名
テーマ：　作ってみよう　うで時計

● 主な活動内容 ●
• うで時計の製作

| ● 子どもの実態 ● | ● ねらい ● |
|---|---|
| • 時間や数字に興味をもち見通しをもって遊び、時間がきたら片付けるなど時間を守ろうとする姿がある・中には時計を読むことができ時間を意識して動ける子どもも見受けられる | • 時の記念日の由来を知り、時計の製作を通して時間や数字に親しみをもつ<br>• 時間を守ることの大切さを知る |

| 時間 | 環境構成 | 予想される子どもの活動 | 保育者（実習生）の援助・配慮点 |
|---|---|---|---|
| 8分 | • あらかじめ4つ机を出しておく<br><br>ピアノ　実　ホワイトボード　材料 | 【導入】<br>• 保育者の前に三角座りをする<br>• 大きなのっぽの古時計を歌う<br>• 絵本「とけいのほん」を見る | 【導入】<br>• 朝の会終了後、実習生が前に出て歌を歌うことを伝える<br>• ①大きなのっぽの古時計をピアノで弾き、子どもたちと一緒に歌う<br>• ②子どもの前の椅子に座り、絵本「とけいのほん」を読む |
| 40分 | （製作図1）<br>キリで穴をあける　キリトリ線　キリトリ後 | 【展開】<br>椅子を運ぶ<br>• 保育者の話を聞く<br>　知ってるーなどの反応を示す<br>• 指名された子が材料を取りにいく<br>• 自分の材料を確かめる<br>• 製作の説明を聞く<br>• 「コップ切るの？」という子がいる<br>　「うで時計、パパみたい」と興味を持つ子がいる<br>• ハサミと色ペンを取ってきて座る<br>• 材料を手もとに置き点線に沿って、紙コップを切り始める | 【展開】<br>◎うで時計の製作を始めることを伝える<br>• 机の方に椅子を運びテーブルごとに座るよう促す<br>• ③ホワイトボードに見本の大きな時計を貼り、見せながら時の記念日の由来を話す<br>　みんなの大好きなおやつの時間はいつかな？と問いかける<br>• Aの材料を、各テーブルから1名を指名して取りに来るように伝える<br>• 個々の子どもが材料を手にしたかを確認する<br>• ホワイトボードを使って製作の説明をする<br>• 道具箱からハサミと色ペンを持って来るよう伝える<br>• 各テーブルをまわり、手が止まっている子どもや困っている子どもの援助をし、製作過程の見本を示しながら説明をする |

12

| | | | | |
|---|---|---|---|---|
| | (製作図2)<br>シールを貼る | ・切って出たゴミをビニール袋に捨てる<br>・12枚のシールに1～12まで数字を書く | ・④各テーブルにビニール袋を貼り付けゴミが出たら入れるよう伝える<br>・シールに数字を書くように伝え、書けない子の援助をする<br>・数字が書けたら正しい位置に貼るようホワイトボードを使い説明する | |
| | (完成図)<br>割りピンで針を取りつける | ・「貼り間違えたー」と言う子がいる<br>・割りピンの使い方に四苦八苦する子がいる<br>・時計の針を動かして遊ぶ子がいる<br>・早くできた子から色ペンで絵を描く | ・貼り間違えた子の援助をする<br>・割りピンを使い、時計の針を留めるよう伝える<br>・割りピンを一緒に留めていく<br>・⑤割りピン裏にセロテープを貼る<br>・できた子の作品に⑥名前シールを貼る<br>・⑦早くできた子には、色ペンで時計のベルトに絵を描こうかと伝える<br>・うで時計を腕に巻いて欲しい子に対応する<br>・全員できたら上手にできたねと声をかけ、ハサミなどの片付けを促し、ゴミを回収する | |
| 2分 | | 【まとめ】<br>・楽しかったことを口々に話す | 【まとめ】<br>・子どもたちに製作の終わりを伝え感想を聞く | |

## 【実施するときのポイント】

配慮点（指導案、下線部の説明）
① 時計のイメージを膨らませるため
② 同上
③ 同上
④ 製作途中で出るゴミを考慮
⑤ 安全性への配慮
⑥ 他の子の作品と間違えないよう配慮
⑦ 早くできた子への配慮

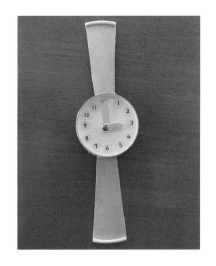

注意点
・材料の破損等を考え、すべての材料を多めに用意するとよい
・製作の手順の説明文を書き出し、記憶しておくとよい
・手先の発達が追いつかない子への配慮として、あらかじめ切った紙コップや、数字を書いたシールを用意しておくとよい

1．実習と指導案

## 【準備するもの】

- 紙コップ×16
- 時計の針2本×16
  （あらかじめ穴を開けておく）
- 割りピン×16

- 丸型シール（数字用）
- セロテープ
- 名前シール（あらかじめ記名）
- ゴミ袋×4

子ども自身が用意するもの
- ハサミ
- 色ペン

## 4．部分実習指導終了後の記録

　保育を学ぶ学生にとって重要なのは、部分実習を終えてからの省察です。この省察は、PDCA【Plan（計画）　Do（行動）　Check（評価）　Action（改善）】の中の、Check（評価）の部分だと考えましょう。

　部分実習指導案を立案したときに「ねらい」を書いたことと思います。Plan（計画）の部分です。部分実習を終えてからは、その「ねらい」を思い起こしながら、子どもの前に立って行った保育について振り返り、その「ねらい」通りに<u>子どもたちは楽しむことができたのか</u>、与えられた時間内に実習を終えることができたか等を振り返り記録します。

　部分実習を終えた日の保育後に、園の担当者と「振り返り」（反省会）の時をもつこともあります。そんなときには、素直な自分の感想や反省を述べるだけでなく、担任保育者からの指導やアドバイスをしっかりと書きとめ、それをどう受け止め、今後どうしていきたいかの展望を書いていくとよいでしょう。省察のポイントは以下のとおりです。

①部分実習について省察する。（良かった点、課題点）

②担任保育者からのアドバイスがあった場合は書き留める。

③①省察と②アドバイスと、アドバイスを受けて考えたことを記載する。

④反省点（①・②）だけでなく、今後の展望（次回どうしたいか等）を記載する。

　部分実習についての省察（一例）を以下に示します。

部分実習を終えて（主活動：時計の製作／5歳児16名）
　はじめての部分実習だったので緊張し、指導案通りにやらなくてはという焦りがあった。無我夢中で指導案通りにならなかった部分があったが、子どもたちの反応を見なが

ら、臨機応変に進められたと思う。前日には絵本読みの声が小さいとアドバイスを受けたため、今回はしっかりと声を張って話すようにしたので、子どもたちに伝わっていると感じた。

　時の記念日に合わせて「腕時計づくり」を考えた。子どもたちは楽しそうに作っていてよかったと思うが、いくつか反省点も見つかった。材料を前に置いておき、それぞれ取りに来る形としたため、時間がかかってしまったように思う。一つ一つの流れをしっかりと考えておけば、もっとスムーズに進められたと思うし、少し時間が押してしまったのも、計画が甘かったからではないかと思う。先生からのアドバイスがあったように、あらかじめ使うものは4つのテーブルに配れるように用意し、保育者が配布すればよかった。また自分も見本を見せるため同時に同じものを作っていたため、手元に集中する時間もあり、子どもたちに目を配れなかった部分もあった。見本も先に作っておけばよかった。

　この活動のねらいは、「時計に興味をもつことと、時間を守ることの大切さを知る」であったが、大きなのっぽの古時計を歌い、時計の絵本を読み、時計を作り、時計の針を動かしつつおやつの時間は短い針が3のところと説明したため、ある程度子どもたちに伝わったものと考えている。もっと時間があれば一人一人前に出て自分の作った時計の素敵なところを紹介してもらうなどして、一人一人を褒めることができたと思う。次の機会にはこれらの反省を生かしていきたい。

部分実習指導案作成用テンプレート

## 5. 指導案などの文書作成時の留意点

　実習中子どもと話すときに、言葉遣いに気を付けなければならないことはもちろんですが、気を付けるのは話すときだけではありません。日誌や指導案、そして反省欄などに文章を書く場合、つい口語（話し言葉）で書いてしまうことがあります。ら抜き言葉や強制的な表現に気を付けましょう。

　「自由遊びの時間、Aちゃんに一緒に遊ぼうと言われた。なので私は積み木を出して〜」こちらの文章のおかしいところに気が付きましたか。以下の例をみていきましょう。

○話し言葉を使わない
　なので　　→　そのため
　やっぱり　→　やはり
　って言う　→　〜と話す
　ちょっと　→　少し
　びっくり　→　驚く

○ら抜き言葉を使わない

4歳児だと1人でスモックを着れるので → 着られるので

5歳児の○ちゃんは、いろいろなことを自分で決めれるので → 決められる

○強制的な言葉を使わない

～と指示する（例：椅子を引きずらないでと指示する → 椅子を浮かせて運んでねと伝える）

～させる（例：座らせる → 座るように促す）

～叱る（例：棒をもって遊ばないと叱る → 棒があったら先生にくださいと伝える）

○～してあげるという言葉を使わない

食べさせてあげる　→ 食事の介助をする

上着を着せてあげる → 着替えを手伝う

また、これらの注意点以外に、子どもの名前などの書き方（イニシャルであらわす等）に注意が必要です。保育者に事前に聞いて表記しましょう。

保育用語（以下の字を書けるようになりましょう。わからない字は調べておきましょう。）

登園　降園　園庭　保育室　午睡　排泄　沐浴　調乳　衛生　SIDS　保護者
視診　配膳　飼育　把握　帽子　援助　椅子　模倣　並行あそび　咀嚼　嚥下

## 6. このテキストの生かし方

本書には3歳未満児のための指導案と3歳以上児のための指導案を載せています。前者は保育所実習に赴く方々、後者は幼稚園教育実習に赴く方々へ向けて書いていると考えてください。第2章は音楽、第3章は造形、第4章は身体表現、第5章は言葉、そして第6章は生活場面と順に、各専門分野の先生が考案した指導案を例示しています。ご自分の興味のあるところから開いて読んでみても良いですし、苦手分野の指導案にしっかり目を通すことも勉強になるでしょう。

実習では日々の保育記録のほかに、指導案を書くことやアドバイスを受けたうえで書き直すことが求められます。日々の保育記録のほかに指導案を書く場合、時間が足りなくなり睡眠を削るケースも出てきます。睡眠不足は体調にも響きま

すので、あらかじめ指導案を書くことも考えてみましょう。

　指導案立案のために、まずはクラスの子どもの実態の把握が先だと先述していますが、これは理想的な環境が整っている場合です。実際の実習では、たとえば4歳1週間・5歳1週間と実習が続いたとき、まだ保育に入っていない5歳のための指導案を書くことになるケースも多々あります。

　そんなとき自分が部分実習を行うクラスの年齢を考えながら本書をひもとき、指導案をあらかじめいくつか書いておくと、実習中の自分を助けることになるでしょう。もちろん、実際の子どもたちをみて修正したり、園のアドバイスを受け変更したりすることもあるでしょう。それでも、ある程度形になっていれば、時間短縮になるのではないかと思います。このように色々と工夫しながら体調を整え、実習を休むことなく最後まで実習をやりきることも、実習生への評価につながります。


## 7. 実習園からの評価

　皆さんは園の評価について、知りたいのではないでしょうか。実習生が実際に部分実習を行ったとき、たとえばピアノを使ったが緊張して弾き間違えたとか、早口になってしまい子どもに指示が伝わらなかったとか、色々な反省点が出てくることでしょう。そんなときは動揺せず、園からの評価を気にすることなく、とにかく懸命にその保育に没頭することが大事です。結果的に多少の失敗があっても、それは実習生として当然ですし、その点を省察し次に活かすことこそ実習の真髄といえるでしょう。

　そのため無難に終わることや失敗しなかったことだけが評価されるのではないと考えましょう。自分にとって少し難しくても、チャレンジしてみようとする姿や、園からのアドバイスを次の日の保育に活かす姿を見られていると考えてください。基本的なことになりますが、目の前のことを「一生懸命に行ったか」という点を、評価されることになると筆者は考えます。

　2章以降の様々な部分実習指導計画案を参考に自分なりの指導案を考えてみましょう。

1. 実習と指導案

## Memo

# 2. 音楽遊びの部分実習指導案

　音楽遊びは、感性を育むための基礎といえます。乳幼児の音や音楽を聴く力や音楽的表現力、また心身の発達や社会性を育む大切な遊びの1つです。

　保育者となる皆さんは各園の教育目標や保育目標、カリキュラム、指導計画などに留意しながら、乳幼児の心身の発達や音楽的発達の様子、日頃の実態をよく観察して、それらに沿ってねらいや内容、環境設定や教材選択、援助の仕方などを丁寧に計画することが大切になります。

　そして何よりも、計画した実習指導案が乳幼児の楽しい表現活動となり、それが日々の表現遊びにつながることが望まれます。

　「幼児期の終わりまでに育ってほしい姿」を見据えながら、「この音楽遊びを通じて何が育まれるのだろう」という短期目標を設定した遊びや実習指導案を考えてみましょう。

2. 音楽遊びの部分実習指導案

# 音楽遊び（1）2歳児クラス　3月　部分実習指導案
## —好きな色—

**【この指導案の特徴】**

　本指導案は、主活動を導く朝の集まりを想定して設定しています。毎日の生活の中で親しんでいるクレヨンの色に着目し、手袋シアターを使って歌に対する興味や関心を高め、初めての歌『どんな色がすき』を歌って楽しむ活動です。

　手袋シアターの魅力は、布手袋の質感から生まれる柔らかな感触です。手づくり感のある温かさを感じさせるキャラクターが歌ったり演じたりすることで、双方コミュニケーションを可能にします。間近な位置で演じたり、対話をしたり、触れ合ったりできるので、子どもは安心感をもって楽しむことができます。2歳児の少人数のクラスで実施するのに適しているといえます。また、持ち運びも簡単なので、活動の合い間や導入に手軽に利用することができます。ここでは、クレヨンの色をテーマにしているので、造形遊びに移行する際の導入としても最適です。造形遊びに移行する場合は、「仲よしになったクレヨンさんとお絵かきをしましょう」と誘います。ほかの活動に移行する場合は、「クレヨンを片付けましょう。クレヨンさんはクレヨンの箱に帰ります。丁寧にきちんとしまいましょう」と締めくくることができます。これによりクレヨンを大切に扱い、後片付けの指導につなぐことができます。

　3歳になると語彙が増え、発音・発声も明瞭になり、自我の意識や自立心も芽生えます。身の回りの環境に興味をもつようになり、自然にある花や草の色だけでなく、クレヨンなど身近な色への関心も強くなります。子どもを取り巻く環境は色に満ち、一人一人の個性が表れ始め、好きと感じる色ができたり、好きな色にこだわったりするようになります。本題材の自分の好きな色をテーマにした歌詞は、2歳児クラスの子どもの心情に即しているといえるでしょう。

　「どんな色がすき」は、音程の跳躍やリズム、フレーズなどは4～5歳向きですが、シンプルな歌詞とメロディーは覚えやすく、大勢で歌うときにも歌いやすい曲です。また、歌の中に好きな色を表す「赤！」「青！」などのかけ声が入っています。大きな声で元気にかけ声をかけることによって雰囲気が高まり、歌う楽しさを味わうことができるでしょう。

（1）2歳児クラス／好きな色

2. 音楽遊びの部分実習指導案

# 部分実習指導案

実施日：（ 3 ）月 （ 10 ）日 （ 木 ）曜日

対象児：（ 2 ）歳児 （ 10 ）名 （ 男 5 名／女 5 名 ）

テーマ： 好きな色

◉ 主な活動内容 ◉
・新しい歌『どんな色がすき』を歌う。

| ◉ 子どもの実態 ◉ | ◉ ねらい ◉ |
|---|---|
| ・生活の中で歌うことができる曲が増えており、新しい歌に興味を示すようになっている。<br>・クレヨンや絵の具に興味をもつようになり、保育者や友達との言葉のやり取りの中で、色の名前がよく出てくるようになっている。 | ・新しい歌に興味をもち、真似をして歌ったり、色の名前のかけ声をかけたりして、歌うことを楽しむ。<br>・身近に存在する色に気付いて、色についての言葉のやり取りを楽しむ。 |

| 時間 | 環境構成 | 予想される子どもの活動 | 保育者（実習生）の援助・配慮点 |
|---|---|---|---|
| 3分 | 隊形：保育者と向かい合う。<br><br>（実）<br>鍵盤楽器<br>○ ○ ○<br>○ ○ ○ ○<br>○ ○ ○ ○ （担） | 【導入】<br>○好きな場所に座る。<br>・排泄を終えた子どもから順次ピアノのまわりに集まる。<br>・全員が揃うまで、話を聞いたり、手遊びをしたりして待つ。 | 【導入】<br>○子どもたちに好きな所に座るように促す。<br>・ピアノのまわりに椅子を並べて、集まる場所が分かるようにする。<br>・話をしたり、手遊びをしたりして全員が揃うのを待つ。<br>・全員揃っているか確認する。 |
| 15分 | 準備するもの：<br>・手袋シアター<br>・クレヨンの箱など<br>隊形：指遊びや手袋シアターのときには子どもの前に位置し、演奏するときはピアノの所に移動する。 | 【展開】<br>◎手袋シアターを見る。<br><br><br>・色についての言葉のやり取りを楽しむ。「クレヨンさん、こんにちは！」「赤い色が好き！」「赤い色のいちご！」「赤い色のりんご！」など。<br><br><br><br><br><br><br><br><br><br><br>○「青」「赤」「イエロー」と答える。 | 【展開】<br>◎手袋シアターを使ってクレヨンの話をし、色に関する子どもたちの興味を高める。<br>・全員に見えているか配慮する。「クレヨンの箱の中から、クレヨンさんが遊びに来てくれました。元気にご挨拶をしましょう」と言う。「こんにちは。ぼく、赤のクレヨンです」「私は青のクレヨンよ。みんなはどんな色が好きかな？」「私は黄色のクレヨンよ。一緒に遊びましょう」「僕は緑のクレヨンだよ。みんなの好きな色を聞きたいな！」「一人一人聞かせてね」など、クレヨンになりきって子どもに伝える。<br>○子どもたち一人一人に順番に尋ねるなど、好きな色に関する言葉のやり取りを通して、子どもたちが楽しむことができるようにする。「○○ちゃんは、どんな色が好き？」 |

21

**2．音楽遊びの部分実習指導案**

| 時間 | 環境構成 | 予想される子どもの活動 | 保育者（実習生）の援助・配慮点 |
|---|---|---|---|
| | 音楽：『どんな色がすき』 | ○新しい歌『どんな色がすき』を歌うことを知る。<br>○歌を聴く。 | ○新しい歌『どんな色がすき』を歌うことを知らせる。<br><br>○手袋シアターで演じながら歌い、どのような歌かを子どもがつかむことができるようにする。<br>・子どもの表情を見取りながら、手を揺らすなどして歌う。 |
| | | ◎歌に合わせて真似をして歌う。<br>・メロディーやリズムを感じて、合図で歌い始める。<br><br>・「赤！」「青！」など元気にかけ声を入れる。<br><br>◎ピアノに合わせて全曲を通して歌う。 | ◎真似できる箇所は真似して歌うように促す。<br>・歌いだしの合図で一緒に呼吸をして、歌いだす。<br>・保育者自ら大きな声、はっきりした口調で歌う。<br>・もっと楽しくなるように、元気にかけ声を入れて歌うように促す。<br><br>◎手袋を外してピアノの位置に移動する。ピアノに合わせて歌うように導き、弾き歌いをする。「では、ピアノの音に合わせて歌ってみましょう」<br>・歌ったことに満足感をもつことができるように、大きな口で元気に歌えたことを褒める。 |
| 2分 | | 【まとめ】<br>○次の活動は何か、期待をもって話を聞く。<br>○次の活動に意欲をもつ。<br>・「うれしいな！」「どの色を使おうかな！」<br>・クレヨンたちに「さようなら」を言う。「さようなら」「また会えるね」<br>・次の活動へ移行する。 | 【まとめ】<br>○楽しかったことを共有し、次の活動を伝える。<br>・「みんなで一緒に歌って楽しかったね。大きな口をあけて元気に歌うことができましたね」と言い、クレヨンを使った活動に移行する。「仲よしになったクレヨンさんと一緒にお絵かきをしますよ。何を描こうかな？楽しみですね」と伝える。<br><br>○次の活動への移行がスムーズに行えるような言葉がけをする。 |

（1）2歳児クラス／好きな色

## 【実施するときのポイント】

　実施にあたっては、クレヨンをテーマにした手袋シアターを用意します。色の変化に合わせて動きが出せるように工夫しましょう。大事なことは、実習生が不安なく演じ、子どもと接しながら楽しむことができるように、操作は簡単に、使いやすくしておくことです。手袋シアターを演じながら歌うので、自信をもって笑顔で歌えるように、明るい、よく通る声で歌う練習をしておきましょう。また、お話や歌がスムーズに流れるように、全体のリハーサルをしておくことも大切です。子どもは、実習生の真似をして歌い、楽しんだ後、次のときにはピアノに合わせて歌うことになります。ピアノを得意としない実習生の場合は、歌声のみでも十分に実施可能です。ピアノの弾き歌いによって全曲通して歌う場合、手袋シアターは子どもに気付かれないようにポケットなどにしまっておき、終わりにまた、さりげなく装着します。ピアノを弾くために移動する際は、子どもの意識の流れが途切れることのないよう、自然に移動するように配慮しましょう。子どもたちと対面して、表情を見ながらピアノの弾き歌いができるように、ピアノの位置を考慮します。実習生が一緒に歌うことで安心感が生まれ、楽しさが増します。

　子どもとの言葉のやり取りの際、挨拶や受け答えなどの反応を予測して複数の展開を考えておきましょう。できるだけたくさん予測しておくと、子どもが何を言っても慌てずにすみます。

**参考文献**

・吉田眞理／編著『教育実習 保育実習―幼稚園、保育所、認定こども園の実習に備えて―』青踏社、2012

・小田原短期大学保育学科『実習の手引き』小田原短期大学、2017

・amico『保育で使える！ワクワク手袋シアター』ナツメ社、2017

2．音楽遊びの部分実習指導案

## 音楽遊び（2）2歳児クラス　11月　部分実習指導案
### ―耳をすまして―

### 【この指導案の特徴】

　ピアノ、または電子ピアノ1台あればできる内容です。また、曲を演奏する部分は弾けなくても、1、2、1、2と言いながら8小節分を和音で4分音符を刻むだけでも代用できるので、ピアノが苦手な人でもできます。どんな音が聴こえてくるのか期待しながら耳を傾けるというゲーム性がある内容なので、子どもが楽しく遊びながら、音楽の基礎である「音に耳を傾けて聴く」力を育成できます。

　この音が聴こえたらこのポーズをするという約束の部分は、保育者が子どもの発達段階に応じて自由に演奏の方法やポーズを変えることができ、子どもたちと話し合いながらポーズを考えることもできます。また、増やしてもよいでしょう（例／星＝ピアノの鍵盤の高音域でトレモロ奏[*1]をする。子どもは両手を高くあげてヒラヒラする）。また、風や雷の部分はほかの楽器で表現することもできます（例／風：グロッケンでグリッサンド奏[*2]をする。子どもはぐるりと回る。雷：サンダードラム（スプリングドラム）を鳴らして雷の音を表現する。子どもは立ち止まって耳をふさぐなど）。何回も繰り返して遊ぶことができるので、もち時間に合わせて行うことができます。

＊1トレモロ：隣り合う2つの音を交互に繰り返して演奏する奏法
＊2グリッサンド：ある音からある音までマレットや指を素早く滑らせて順に音を鳴らして演奏する奏法

---

### 部分実習指導案

実施日：（ 11 ）月（ 10 ）日（ 火 ）曜日
対象児：（ 2 ）歳児（ 8 ）名（ 男 4 名／女 4 名 ）
テーマ：　耳をすまして

● 主な活動内容 ●
・音楽が鳴ったら歩き、音楽がやんだら止まる。
・耳を澄まして音色の違いを聴き分けて体で表現をする。

| ● 子どもの実態 ● | ● ねらい ● |
| --- | --- |
| ・いろいろな音に興味を示しているが、日常的に溢れている音の中で過ごしており、耳を傾けて音をよく聴く経験が少ない。 | ・音楽が鳴っているときと鳴っていないときを聴き分ける。<br>・音から想像される事象を体で表現することを楽しむ。<br>・簡単なルールを理解する。 |

（2）２歳児クラス／耳をすまして

| 時間 | 環境構成 | 予想される子どもの活動 | 保育者（実習生）の援助・配慮点 |
|---|---|---|---|
| 3分 | 隊形：保育者から円陣が見えるようにする。 | 【導入】<br>○手をつなぎ、円陣になって座る。<br><br>・輪になって座れない子どもがいる。<br>○活動内容を聞く。<br>・静かに保育者の話を聞いている。 | 【導入】<br>○「みんなで手をつないで、大きな丸いお池をつくって座りましょう」と言って静かに座るように促す。<br>・輪になって座るように援助する。<br><br>○「今日はお天気がいいから、みんなで遠くまで歩いて行くよ。音楽に合わせて歩いて行こうね」と言って活動内容を伝える。<br>・楽しそうに話しかける。 |
| 15分 | 隊形：輪になる。<br>音楽：『むすんでひらいて』 | 【展開】<br>◎音楽に合わせて反時計回りに歩く。<br>・音楽に合わせて歩けない子どももいる。<br><br><br><br><br><br><br><br>◎保育者の言ったルールを聞いて理解する。<br>・音楽が止まったら、自分も止まる。動いている子どももいる。<br><br><br><br><br><br>・何回か繰り返すうちにルールを理解して、音楽が止まったら動きを止められるようになる。<br>◎興味をもって保育者の話を聞く。<br><br><br><br>・音楽が止まったら動きを止めて、じっとして耳を澄ます。<br><br><br><br><br>・自分なりの答えを言う子どもがいる。<br>・新しいルールを理解してポーズを取る子 | 【展開】<br>◎『むすんでひらいて』を子どもの歩ける速さを考えて、最後まで元気よくピアノで弾く（左手の伴奏はコードを4分音符で刻むように弾く）。そのとき、必ず「3、ハイ」と言ってから弾き始め、歩きだしが分かるようにする。<br>・元気に音楽に合わせて歩けたことを褒める。<br>◎今度は、「音楽が止まったら自分も止まって動かないでね」と伝える。<br>・8小節弾いたら演奏を止める。動いている子どもがいたら、「今、音楽が聴こえているかな？」と聞く。そして、「聴こえていないときはじっと止まろうね」と言葉をかける。<br>・8小節ごとに演奏を止め、子どもが動作を止めていることを確認し、続きを弾くことを何回か繰り返す。<br>・止まれるようになったら「みんないいお耳になったね」と褒める。<br>◎次に「今度は止まっているときに何か聴こえてくるから、お耳を澄ましてよく聴いてね」と言って音をよく聴くように促す。<br>・先と同様に8小節弾いて演奏を止め、子どもが静かになったことを確認してから、高音域の場所で低い方から上に向かって素早くグリッサンドを弾く。<br>・「どんな音が聴こえたかな？」と子どもに問いかける。<br>・「風さんがヒューッと吹いた音みたいね。みんなこの音が聴こえたら、 |

2. 音楽遊びの部分実習指導案

## 2．音楽遊びの部分実習指導案

| 時間 | 環境構成 | 予想される子どもの活動 | 保育者（実習生）の援助・配慮点 |
|---|---|---|---|
| | | どもと理解できない子どもがいる。 | 帽子が飛ばされないように頭を押さえましょう」と言ってポーズをするように伝える。<br>・ポーズをやって見せる。<br>・8小節演奏する→止める→子どもが静かに止まっていることを確認する→グリッサンドを弾くパターンを何回か繰り返す。<br>・うまく動作できたことを褒める。 |
| | | ○保育者の話を静かに聞く。<br>・音楽が止まったら動きを止めてじっとして耳を澄ます。<br><br>・自分なりの答えを言う子どもがいる。<br>・新しいルールを理解してポーズを取る子どもと理解できない子どもがいる。 | ○「今度はまた違う音が聴こえてくるから、音楽が止まったらよくお耳を澄ましてね」と言って、今度はグリッサンドの代わりに低音域のクラスター（音のかたまり）を両手で交互に素早く弾いて同様に行う。<br>・「どんな音が聴こえたかな？」と子どもに問いかける。<br>・「雷さんがゴロゴロと鳴っている音みたいね。雷さんはみんなのおへそが大好きよ。この音が聴こえたらおへそを取られないようにしゃがんでおへそを両手で押さえましょう」と言ってポーズをするように伝える。<br>・ポーズをやって見せる。<br>・8小節演奏する→止める→子どもが静かに止まっていることを確認する→クラスターを弾くパターンを何回か繰り返す。<br>・うまく動作できたことを褒める。 |
| | ※グリッサンドとクラスターの部分はグロッケンや太鼓、サンダードラムで行ってもよい。子どもから見えないようにセッティングする。 | ○「風の音」と「雷の音」のどちらの音が聴こえてくるのか、わくわくしながら耳を澄ましている。<br>・慌てて動作を間違える子どももいる。 | ○「今度はどちらの音が聴こえてくるか、よく聴いてね」と言って8小節弾いて演奏を止めた後、グリッサンド（風の音）とクラスター（雷の音）のどちらかを弾くパターンを繰り返す。<br>・必ず子どもが動きを止めて静かになったのを見計らって、タイミングよく「風の音」「雷の音」を弾く。<br>・うまくできたら「いいお耳になったね」と褒める。 |
| 2分 | | 【まとめ】<br>○活動で楽しかったことについて保育者の質問に答える。 | 【まとめ】<br>○今日はどんな音が出てきたか、何が面白かったのかを子どもに尋ねる。<br>・「今度はどんな音が出てくるのかな。明日やってみましょう」と言って、次回の活動に期待をもたせる。 |

## 【実施するときのポイント】

・必ず歩きだしが分かるように、「3、ハイ」と言ってから弾き始めます。
・音楽が止まって静かになったのを見計らってから、「どんな音が聴こえてくるか、よーくお耳を澄ましてね」と子どもに期待をもたせるように声かけをして、風や雷の音を出します。
・ピアノ演奏では左手でコードをはっきりと4分音符で刻み、元気に歩く様子を表現します。
・8小節目の左手の伴奏は音楽を止めるところなので、2分音符で伸ばして弾くとよいでしょう。
・子どもの様子に合わせて演奏の速さを決めていきます。

Memo

## 2．音楽遊びの部分実習指導案

# 音楽遊び（3）2歳児クラス　2月　部分実習指導案
## —マラカスの音色を楽しもう—

【この指導案の特徴】

　子どもは様々な素材に触れ、生活の中で様々な音に気付き、音を感じたりする中で、豊かな感性や表現する力を育んでいきます。この指導案では、様々な素材を用いた手作りの透明マラカスや卵マラカス、持ち手のついた木製のマラカスを用いて素材の音色に親しみ、音色に気付き、感じた音を言葉で表現し伝え合うことをねらいとしています。

### 部分実習指導案

実施日：（ 2 ）月（ 16 ）日（ 火 ）曜日
対象児：（ 2 ）歳児（ 6 ）名（ 男 3 名／女 3 名 ）
テーマ：　マラカスの音色を楽しもう

● 主な活動内容 ●
・様々な素材のマラカスの音色に耳を澄ます。
・感じた音を自分の言葉で表現する。

| ● 子どもの実態 ● | ● ねらい ● |
|---|---|
| ・身近な素材に興味がある子が多い。<br>・聞こえた音や動作を擬音語や擬態語で表現して楽しんでいる。 | ・様々な素材に親しむ。<br>・異なる素材の音色に気付く。<br>・感じた音を擬音語や擬態語で表現する。 |

| 時間 | 環境構成 | 予想される子どもの活動 | 保育者（実習生）の援助・配慮点 |
|---|---|---|---|
| 3分 | （実）<br>机<br>○　○<br>○　○<br>○○<br>（担） | 【導入】<br>○保育者のまわりに椅子をもってきて座る。<br>・集まらない子がいる。<br>○保育者の話を聞く。 | 【導入】<br>○「先生のお顔が見える位置に座りましょう」と言って、椅子をもってきて静かに座るよう促す。<br>○「今日はいろいろな音に耳をすませて遊びましょう」と話をする。 |
| 10分 | 準備するもの：<br>・蓋付きの透明な容器に①小石、②小さい鈴、③大麦を入れたもの、④卵マラカス、⑤持ち手のついた木製のマラカス<br>・①〜⑤のマラカスを子 | 【展開】<br>◎マラカスの音色を聴く。<br>○保育者の話を聞く。 | 【展開】<br>◎マラカスの音色を聴く。<br>○「今日はいろいろな音を用意してきました。今から音を鳴らしますから、よく聴いていてね」と話しをする。 |

（3）2歳児クラス／マラカスの音色を楽しもう

| 時間 | 環境構成 | 予想される子どもの活動 | 保育者（実習生）の援助・配慮点 |
|---|---|---|---|
| | どもたちから見えないよう大きい布で覆われた机の影に並べて置いておく。子どもたちに見せた後は、机の上に並べて置く。 | ○保育者の鳴らす音に耳を傾け、何の音か想像する。<br>・「シャラシャラ」「鈴」など思い思いに答える。 | ○「何の音でしょうか」と言って、①〜⑤のマラカスを順番に子どもから見えないように机の影で鳴らす。<br>・子どもの表情を見ながら「どんな音がする？」と問いかける。 |
| | | ○「わぁ」「マラカス」などと声をあげる。<br>・マラカスの中身を見ながら音に耳を傾ける。<br>・マラカスの中の素材について想像しながら感じたことを伝え合う。<br>・初めて見る素材に「これは何だろう」と思う子がいる。 | ○子どもの反応を見て、隠していたマラカスを見せる。<br>・「○○（マラカスの中身）の音でした」と言い、マラカスを見せながら、音を鳴らす。<br>・透明なマラカスは中身の素材について話をし、中身が見えないマラカスは何が入っているか子どもと一緒に想像する。<br>・あまり馴染みのない大麦の場合は「これは大麦といってお茶のもとになっているものだよ」と説明をし、大麦の香りを感じてもらう。 |
| | | ○「鈴」「卵マラカス」などと思い思いに答える。<br>◎マラカスを鳴らして遊ぶ。<br>○保育者の話を聞く。 | ○全てのマラカスを鳴らした後、どの音が一番好きだった？気に入った？」と子どもに尋ねる。<br>◎マラカスを鳴らして遊ぶ。<br>○「次は音を鳴らして遊んでみよう」と言い、マラカスを鳴らして遊ぶことを伝える。 |
| | | ○思い思いにマラカスを手に取り、鳴らす。<br>・どれにしようか、迷う子がいる。<br><br>・楽しそうにマラカスを鳴らす。<br>・なかなか鳴らさない子どもがいる。 | ○「いろいろな音を鳴らしてみよう」と言い、机の上にある①〜⑤のマラカスを好きなように鳴らすよう促す。<br>・できるだけいろいろな素材のマラカスに触れるよう声かけをする。<br>・子どもの様子を見ながら「どんな音がした？」「いい音がするね」などの声かけをする。 |
| 5分 | | 【まとめ】<br>○マラカスを保育者に渡す。<br>・なかなか離さない子どもがいる。<br><br><br>○自分の椅子に座る。<br>・活動を振り返り、口々に感想を話す。 | 【まとめ】<br>○「みんないい音で鳴らせましたね。そろそろお片付けをしましょう」と声をかけながら、マラカスを回収する。<br>・マラカスの箱を見せながら「ここに入れてね」と言う。<br>○自分の椅子に座るよう促す。<br>・「みんなよく耳をすまして音を聴くことができたね」「楽しかった？」など声をかけ、子どもに活動を振り返っての感想を聞く。 |

2. 音楽遊びの部分実習指導案

| 時間 | 環境構成 | 予想される子どもの活動 | 保育者（実習生）の援助・配慮点 |
|---|---|---|---|
| | | ・次の活動に期待をふくらませる。 | ・「今度はお歌に合わせてマラカスを鳴らして遊んでみようね」と言って、次の活動に期待を持たせる。 |

## 【実施するときのポイント】

いろいろな中身のマラカスの音を聴いて、何の音か想像する場面では、「どんな音がするかな」と子どもたちに問いかけ、「シャラシャラ」「ジャッジャッ」などの擬音語・擬態語や「かわいい音」「硬い音」など音を言葉で表現することを意識して声かけをすると、子どもの表現する力を養うことにつながります。また、透明マラカスの中身の素材を目にしながら音を聴く場面では、子どもの日常生活とつながりのある話をすることで、素材に親しみをもつことができます。（例：小石のマラカスの場合、「みんなもお外で触ったことがあるよね」）大麦のマラカスは、麦の香りを感じてもらってもよいでしょう。卵マラカスや持ち手のついた木製のマラカスは、中に入っているものを想像したり、何でできているかを考え伝え合ったりすることで、楽しさを味わうことができます。音を鳴らす場面では、できるだけいろいろな素材のマラカスに触れてもらうため、マラカスは各種類2つずつ用意をしておくとよいでしょう。

子どもから見えないように音を鳴らす、机の影からマラカスを出して音を鳴らす、の動作がスムーズにいくように、子どもの側からどのように見えるか確認をして、練習し準備をしておきましょう。活動後、部屋の一角にマラカスを配置しておくなど、子どもたちが好きな時間に鳴らして遊べるような機会があると、音を鳴らす楽しさを味わうことができ、素材への親しみが深まります。

## 【準備するもの】

・透明マラカス…片手で持てるほどの蓋付きの透明な容器にそれぞれ小石、小さい鈴、大麦を入れたもの
・卵マラカス
・持ち手のついた木製のマラカス…木製の方が音色は優れているが、なければ合成樹脂のものでも可
・机…マラカスを隠して鳴らし、上に並べて置く用
・大きめの布…マラカスを隠して鳴らすため、机の台から脚までを覆うことができるもの

（3）2歳児クラス／マラカスの音色を楽しもう

小石のマラカス

鈴のマラカス

大麦のマラカス

卵マラカス

持ち手のついた木製のマラカス

2. 音楽遊びの部分実習指導案

## 音楽遊び（4）2歳児クラス　9月　部分実習指導案
### —たまごのうた—

【この指導案の特徴】

　音楽に合わせて、卵を温める動作や卵が割れる身振りを楽しみ、産まれた動物になってイメージ豊かに遊ぶ活動です。歌やリズムに合わせて体を動かすことを通して、体のコントロール力が付き、多様な表現力の土台が育まれることが期待できます。また、「卵を温める」という行為が心情面にも働きかけ、体と心情のバランスの取れた発達を促します。

---

### 部分実習指導案

実施日：（ 9 ）月（ 5 ）日（ 水 ）曜日
対象児：（ 2 ）歳児（ 10 ）名（ 男 5 名／女 5 名 ）
テーマ：たまごのうた

● 主な活動内容 ●
・卵から生き物が産まれる様子を想像しながら、音楽に合わせて体で表現して遊ぶ。

| ● 子どもの実態 ● | ● ねらい ● |
|---|---|
| ・保育者や友達と一緒に体を動かすことを楽しんでいる。<br>・戸外で犬や猫などの生き物に関心をもち、そばで呼びかける姿が見られる。 | ・音楽に合わせ、体を使って表現する楽しさを感じる。<br>・皆で一緒に真似っこすることを楽しむ。 |

| 時間 | 環境構成 | 予想される子どもの活動 | 保育者（実習生）の援助・配慮点 |
|---|---|---|---|
| 5分 | 隊形：保育者の前に2列になって座る。<br><br>（図：ピアノ、実、担、○○○○○○○○○）<br><br>準備するもの：<br>・絵本『たまごのえほん』（著：いしかわこうじ、童心社） | 【導入】<br>○保育者のところに集まり、座る。<br><br><br>○絵本の読み聞かせを聞く。<br><br>・卵から赤ちゃんが産まれる様子を思い浮かべ、期待をもつ。 | 【導入】<br>○「先生のお顔が見える所に集まりましょう」「お話が聞こえる所に座りましょう」と言って、静かに座るように促す。<br><br>○「今から卵が出てくるお話を読みますよ。どんな卵が出てくるかな？」と言い、期待を高めるようにする。<br>・卵が少しずつ割れて、中から赤ちゃんが産まれる様子がよく想像できるように読む。 |

（4）2歳児クラス／たまごのうた

| 時間 | 環境構成 | 予想される子どもの活動 | 保育者（実習生）の援助・配慮点 |
|---|---|---|---|
| 13分 | 音楽：『たまごころころ』（デンマーク民謡の旋律に著者が歌詞を付たもの。楽譜は p.35 参照） | 【展開】<br>◎保育者から活動内容を聞く。<br><br>・保育者を真似て、手のひらで卵の形をつくる。<br>・卵の形をつくった手を左右に揺らす。<br>・優しい気持ちで卵を温める。<br><br><br>○『たまごころころ』を保育者が歌うのを聞きながら、模倣して動く。<br><br><br>・保育者を真似て、手のひらを開く。<br>・手の中でひよこが産まれたイメージをもつ。<br><br><br>・保育者の動きを模倣して、ひよこのイメージで両手で羽をつくって動かす。<br><br><br>・繰り返して遊ぶ。<br><br><br><br><br><br>○保育者の身振りを模倣し、両腕をあげて大きな卵をつくる。<br>・頭上で卵型をつくったまま立つ。<br><br><br>・卵型をつくったまま、左右に揺れる。 | 【展開】<br>◎「今日はみんなが卵を温めると、いろんな生き物の赤ちゃんが産まれてきますよ」と言い、活動内容を伝える。<br>・「みんなの手の中にも、かわいい卵が入っているよ」と言葉をかけながら、両手の手のひらで卵の形をつくる。<br>・そのまま左右に優しく揺らしながら、模倣を促す。<br>・「卵を産んだお母さんは、赤ちゃんが産まれるまで大事に温めます」と説明する。<br><br>○『たまごころころ』を歌いながら、子どもに模倣を促す。<br>・「たまごころころ／たまごころころ／ひよこが／うまれるよ」と歌い、左右に揺れる（A）。<br>・「ぱりんとわれて」で、手のひらをぱっと開く（B）。<br>・手の中をのぞき込み、「あ！かわいいひよこが産まれたね！」と言葉をかけ、子どもの期待を高めるようにする。<br>・「ひよこがピヨピヨピヨ」と歌いながら、両手で羽を動かしてひよこになる（C）。<br>・子どもが真似て表現を楽しめるようモデルを示す。<br>・（A）〜（C）を繰り返す。<br>・「かわいいひよこがいっぱいいたね！」と、ひよこの動きができたことを褒める。<br><br>○「さあ、今度は大きな卵。誰の卵かな？」と問いかけ、両腕をあげて頭上で卵型をつくる。<br>・「大きいから立って持ちましょう。よいしょ！」と、子どものイメージがふくらむよう工夫しながら立つように促す。<br>・「大きな卵からは…（しばらく間をとって）…怪獣が産まれるよ！」と言い、体を左右に揺らす。 |

## 2．音楽遊びの部分実習指導案

| 時間 | 環境構成 | 予想される子どもの活動 | 保育者（実習生）の援助・配慮点 |
|---|---|---|---|
| | | ・『たまごころころ』を歌いながら、体を揺らして遊ぶ。 | ・体を揺らしながら、『たまごころころ』を歌う。<br>※（A）は「かいじゅうが／うまれるよ」、（C）は「かいじゅうが／ぎゃおぎゃおぎゃお」とする。 |
| | | ・怪獣の赤ちゃんになって歩く。 | ・（C）は怪獣のイメージで、指を曲げて体前方で構え、足を大きく踏みしめて歩く。 |
| | | ・あまり動かない子どももいる。 | ・じっとしている子どもには、側に行って動きを見せ、動きを引きだすようにする。同じ動きでなくても、「かわいい怪獣さんだね」などと肯定的な声かけをする。<br>・ゆっくりと座るように伝える |
| | | ○保育者の動きを模倣し、小さな卵を手のひらにのせて撫でる。 | ○「さあ、今度はちっちゃな卵。誰の卵かな？」と問いかけ、指先にのせて、もう片方の指先でそっと撫でる動きをする。<br>・「ちっちゃな卵からは…お魚さんが産まれるよ！」と言い、「卵が壊れないように優しく撫でてあげようね」と促す。 |
| | | ・『たまごころころ』を歌いながら遊ぶ。 | ・『たまごころころ』を歌う。<br>※（A）は「おさかなさんが／うまれるよ」、（C）は「おさかなさんが／スイスイスイ」とする。 |
| | | ・魚になったつもりで、自由に泳ぐように動く。 | ・（C）で卵が割れるときには、両手の人差し指をはじくような動きをし、その後は魚が泳ぐイメージで自由に動き回る。 |
| 2分 | | 【まとめ】<br>○活動を振り返る。<br>・保育者の前に集まって座る。<br>・活動で出てきた生き物を答える。「ひよこ」「怪獣」「お魚さん」 | 【まとめ】<br>○保育室前方に集まり、座るよう呼びかける。<br>・活動で出てきた生き物を「卵から誰が産まれたかな」と問いかけ、活動の余韻を楽しむようにする。<br>・「今度はまた違った卵を温めましょう。何が出てくるか楽しみだね」と言って、次の活動に期待をもたせる。 |

(4) 2歳児クラス／たまごのうた

## 【実施するときのポイント】

　2〜3歳児の発達段階を音楽的観点から見ると、まず知っている歌を部分的に歌うようになり、徐々に模倣が活発化して自発的な表現活動も芽生えてきます。この活動でも、実習生を真似て、部分的に歌うことができれば十分であると考えましょう。大人の目線で見た「完成形」にこだわって、歌だけを繰り返して練習することは有益ではありません。あくまで活動全体で、徐々に子どもが歌と動きを獲得し、表現を楽しむということを大事にしたいものです。

　この時期の子どもは、運動機能が発達し、手先も器用になるので、両手で卵の形をつくったり、卵がパカッと開く動作も楽しんで行うことができます。こうした動きに「ころころ」や「ぱりん」などの歌と合わせることによって、動作のきっかけとなり、歌を覚えるにつれて、そのきっかけを見通しながら待つことができるようになります。このような経験を積み重ねることによって、音への感覚や集中力も育まれます。

　実施上のポイントとして、活動で行う「卵を温める」→「卵が割れて生き物が産まれる」→「動きだす」という流れを子どもがイメージしやすいように、卵を題材にした絵本を読みます。絵本の読み聞かせだけで子どもの気持ちが完結してしまわないように、次の活動につながる言葉がけをすることが必要です。

　活動は、ゆったりとした速さで歌いながら行います。子どもにとっては新しい歌詞であるため、努めてはっきりした声で歌うよう留意が必要です。また、「たまごころころ」や「ぱりんと割れて」の動作も、大きく明確に行い、子どもが模倣しやすいように配慮します。

　「たまごころころ／たまごころころ」の部分は、2拍ごとに左右に体を揺らし、リズムを感じられるように実施しましょう。

　活動を振り返り、余韻を十分に味わうようにします。どんな生き物になって遊んだかを子どもに問いかけたり、「かわいい赤ちゃんが産まれたね」などと具体的な内容に触れて振り返り、子どもが活動の余韻と満足感をもてるようにします。

たまごころころ　作詞：根来章子／デンマーク民謡

2．音楽遊びの部分実習指導案

# 音楽遊び（5）2歳児クラス　10月　部分実習指導案
## ―お祭り太鼓―

【この指導案の特徴】

　夏から秋にかけてはお祭りの季節です。地域のお祭りに行くと、ふえや太鼓のにぎやかな音が聴こえてきて、ウキウキした気分になります。この指導案は、竹太鼓を用い、わらべ歌《なべなべそこぬけ》とお祭りのかけ声に合わせてリズムにのったり、まねっこをしたりする活動です。

　《なべなべそこぬけ》では、丸くなって手をつないで、みんなで拍にのりながら歌います。その後、実習生は和太鼓で拍を打ちながら、歌います。子どもたちは、バチを1本ずつ持って、片手で竹太鼓を叩きながら歌います。

　続いて、おみこしをかつぐ時の「わっしょい　わっしょい」というかけ声に合わせて、バチを両手に持って片方ずつ叩きます。今度は、実習生と子どもたちが交互に叩きます。まず実習生がかけ声をかけながら和太鼓を叩いているのを聞いて、それを子どもたちだけでまねっこします。相手の音をよく聞いて、かわりばんこに表現する楽しさを感じられる活動です。かけ声も「えらいこっちゃ　えらいこっちゃ　よいよいよいよい」「ヤーレン　ソーラン」などの各地のお祭りや民謡などに出てくる言葉に変えると、何度も繰り返すことができます。

　かけ声をかけながら、リズムに合わせて左右の手が別々の動きをしたり、決められたところで叩けるようになったりすると、言葉と身体の動きと音楽が結びついた、より総合的な表現となるでしょう。ピアノを用いずに太鼓1つででき、わらべうたやお祭りのリズムを通して日本の伝統文化に触れることができる遊びです。

## 部分実習指導案

（ 2 ）歳児　（ 10 ）月の実習指導案

実施日：（ 10 ）月（ 11 ）日（ 金 ）曜日

対象児：（ 2 ）歳児（ 8 ）名（ 男 4 名／女 4 名 ）

テーマ：お祭り太鼓

● 主な活動内容 ●
・わらべ歌やかけ声のリズムに合わせて、竹太鼓を叩く。
・声と体の動きを合わせる。

（5）2歳児クラス／お祭り太鼓

・かけ声や太鼓でお祭りのイメージを楽しむ。

◉ 子どもの実態 ◉
・家族でお祭りに行き、楽しさがわかってきている。
・リズムに誘われ、体を動かしている。
・聞こえてきた言葉のまねをして、楽しんでいる。

◉ ねらい ◉
・お祭りの雰囲気を楽しむ。
・言葉のリズムに合わせて、身体を動かす。

| 時間 | 環境構成 | 予想される子どもの活動 | 保育者（実習生）の援助・配慮点 |
|---|---|---|---|
| 3分 | 「お返事できるかな」<br><br>和太鼓<br>竹太鼓　（実）　竹太鼓<br>○○○○○○<br>（担） | 【導入】<br>◎お返事遊び<br>・実習生が示した場所に座る。<br><br><br>・自分が呼ばれる番を期待して待っている。<br>・呼ばれた子どもを「Kちゃんだ」と注目する。<br><br>・返事する子どももいるが、体を動かすだけで返事しない子どももいる。 | 【導入】<br>◎お返事遊び<br>・「みんなで、座りましょう」と伝える。「ここに座ろうね」と手で場所を示す。<br>・「お名前を呼びますよ」「お返事してね」と言う。<br>・実習生が子どもに1人ずつ「○○ちゃん」と名前を呼びかけ、子どもが「は〜い」と答えるのを待つ。<br>・期待が高まるように「次は誰を呼ぼうかなあ」と子どもを見回す。<br>・返事をしない子には「○ちゃんはどこかな」と表情を見て「おはよう」と声をかける。 |
| 3分 | 《なべなべそこぬけ》<br><br><br><br><br>和太鼓<br>竹太鼓　（実）　竹太鼓<br>○○○○○○○<br>（担） | ◎わらべ歌を歌う<br><br><br><br>・歌詞をまねする子どももいるが、声を出さない子どももいる。<br>・立って丸くなって手をつなぐ。<br><br><br>・実習生の歌に合わせて、動く。<br><br>・手をつなぐことがうれしく、ぶらぶらさせる子もいる。 | ◎わらべ歌を歌う<br>○「今日はみんなでおまつりごっこをします」「楽しみだね」と言う。<br>・「はじめに《なべなべそこぬけ》を歌ってみましょう」と言い、ゆっくりと繰り返し歌う。<br>・「立って丸くなりましょう。手をつなぐよ」と言いながら、一人ひとり手をつなげるように援助する。<br>・手をつなげたら、歌いながら動く。<br>・「動きますよ」と言い、《なべなべそこぬけ》を繰り返して歌う。高い音や低い音、テンポも工夫しながら楽しむ。<br>・手をつなぎながら、拍に合わせて体を揺らして、リズムを感じるようにする。 |
| 12分 | おみこし（かけ声）<br><br>（実）<br>和太鼓<br>竹太鼓　竹太鼓<br>○○○○<br>（担） | 【展開1】<br>◎太鼓<br>・実習生の太鼓に合わせて、体を動かす。<br><br><br>・「やりたい」「僕も」と答える。 | 【展開1】<br>◎太鼓<br>・《なべなべそこぬけ》を歌いながら、和太鼓を叩く。<br>・2回繰り返し、「みんなも太鼓を叩いてみたい？」と聞く。<br>・「では準備をしますね」と言いながら竹太鼓を出す。 |

2.
音楽遊びの
部分実習指導案

37

○○○○○
○○○○○○
○○○○○ 2．音楽遊びの部分実習指導案

| 時間 | 環境構成 | 予想される子どもの活動 | 保育者（実習生）の援助・配慮点 |
|---|---|---|---|
| | | ・竹太鼓を「見たことない」と言う子や、触ってみたくなる子がいる。自分の手で叩く子もいる。<br>・バチをもらって、片手に持ち、歌いながら竹太鼓を叩く。<br>・歌いながら太鼓を叩かない子どもがいる。 | <br><br><br><br>・バチを1人1本ずつ配る。<br>・一定のテンポで何度も繰り返してみる。子どもが歌に合わせて太鼓を叩かなくても気にせず、自由に叩けるように見守る。 |
| | | 【展開2】<br>◎かけ声　わっしょい<br>・興味深く写真を見る子どもがいる。<br><br>・「わっしょい、わっしょい」とまねする子どもがいる。<br><br><br>・子どもも一緒に太鼓を叩き出す。<br>・バチを受け取り、両手に持って、叩き始める。<br><br><br><br><br>・先生の太鼓をだまって聞いて、終わったら叩く子どもがいる。ずっと叩いている子どもがいる。 | 【展開2】<br>◎かけ声　わっしょい<br>○「お祭りの時にみんなでかつぐものがあります。おみこしといいます。見たことあるかな」とおみこしの写真か絵を見せる。<br>○「おみこしをかつぐ時はわっしょい、わっしょいと言うよ。みんなも言ってみる？」と言って、「わっしょい、わっしょい」のかけ声を何度か繰り返す。<br>・太鼓を叩きながら、リズムにのって「わっしょい、わっしょい」と言う。<br>・「今度は2つの手を使って叩きましょう」と言い、もう1本ずつバチを渡す。<br>◎「先生とみんなで順番にやってみるよ。先生が叩いている時はよく聞いていてね。終わったらまねっこしてね」と言って、一人で太鼓を叩く。<br>・「先生が手をあげたら、みんなの番だよ」と説明する。何度か繰り返して、太鼓を叩く。 |
| 2分 | | 【まとめ】<br>・「楽しかった」「お祭り行きたい」と言う子どもがいる。「わっしょい　わっしょい」と言い続けている子どももいる。 | 【まとめ】<br>○「ではもう一度、丸くなって手をつなぎましょう」と呼びかけてから、「今日はおもしろい竹太鼓をやったね。今度、お祭りに行ったら、わっしょい、わっしょいと言ってみてください」と言い、バチを集める。 |

(5) 2歳児クラス／お祭り太鼓

## 【準備するもの】

　実習生が叩く和太鼓と子どもが叩く竹太鼓、バチを2本ずつ用意します。実習生は、和太鼓の代わりに、小太鼓やタンブリンを使うこともできます。

　子どもが叩く竹太鼓は手作り楽器です。直径15センチ前後で、長さ2メートルほどの竹を切って作ります。両端の節は音が響きやすいように、直径2センチほどの穴を開けて、子どもが指を入れてもケガをしないように、ヤスリをかけて布テープなどでカバーします。一つの太鼓は4〜5人で叩けるので、8〜10人の子どもが叩く時は2つ用意します。太鼓を真ん中に置いて、はす向かいに座ると叩きやすいです。竹太鼓が用意できない場合は、木の板を敷いて叩いてもよいでしょう。

　音の響きに関しては、竹を一節で切り、両端の節に穴を開けると、響きのよい音がします。その場合は、1人か2人で叩きます。

竹太鼓（小田原短期大学所蔵）

　バチに関しては、ドラムスティックや木琴のマレットなどは、長くて鋭いので、2歳児クラスでは、子どもが口に入れたりしたら危ないかもしれません。そこで、この指導計画案では、ラップの芯を用意し、片手ないし両手に持って叩くように計画しました。

　また、バチの素材が木や竹の場合、子どもたちが一斉に音を出すと音が大きくなりますが、ラップの芯は紙製ですので、適当な音量で鳴らすことができます。

　バチにより、色々な音色が出ます。子どもの年齢や人数等により、みんなで演奏する時にはどのような素材を使って音を出したらよいのか、考えてみるのもよいでしょう。

## 2．音楽遊びの部分実習指導案

### 【実施するときのポイント】

　ピアノの伴奏を用いず、わらべ歌を歌い、お祭りのかけ声をかける活動ですので、音の高さは限定されません。高い音、低い音など、音の高さを示して実習生が歌ってみて、そして、みんなで歌う時には、子どもが歌いやすい高さで歌ってみましょう。

　また、竹太鼓のリズムも実習生と同じでなくても、子どもの感覚で自由に打つことができます。

　歌ったり、かけ声をかけたりしながら、手でリズムを刻むという音楽と身体運動が結びついた活動を楽しむとよいでしょう。

（6）4歳児クラス／手作りマラカスを奏でてみよう

# 音楽遊び（6）4歳児クラス　11月　部分実習指導案
## ―手作りマラカスを奏でてみよう―

### 【この指導案の特徴】

　子どもの表現する力は、感じたことや考えたことを自分なりに表現して楽しみ、他の子どもの表現に触れることで養われます。また、音楽に合わせて楽器を演奏する楽しさを味わい、友達や保育者と共有することにより、豊かな感性が育まれます。

　この指導案は、幼児にとって扱いやすい手作りマラカスを用いた音楽表現遊びです。「お返事遊び」では、マラカスを用いて自分なりの表現を楽しみ、他の子どものマラカスの音に耳を傾けることで、様々な表現に触れることができます。『おもちゃのチャチャチャ』の歌に合わせてマラカスを鳴らす遊びでは、音楽に合わせて友達と一緒に演奏する楽しさを味わえるでしょう。

## 部分実習指導案

実施日：（　11　）月（　18　）日（　木　）曜日

対象児：（　4　）歳児（　14　）名（　男　7　名／女　7　名　）

テーマ：　手作りマラカスを奏でてみよう

● 主な活動内容 ●
・手作りマラカスを用いてお返事遊びをする。
・友達と共に『おもちゃのチャチャチャ』に合わせて演奏をする。

● 子どもの実態 ●
・太鼓等、様々な楽器に触れ、楽器遊びを楽しんでいる。
・音楽を聴きながら身体を動かすことを好む子が多い。

● ねらい ●
・楽器を演奏することを楽しむ。
・楽器を用いて表現し、他の子どもの表現に触れる。
・音楽に合わせて友達と一緒に演奏することを楽しむ。

| 時間 | 環境構成 | 予想される子どもの活動 | 保育者（実習生）の援助・配慮点 |
|---|---|---|---|
| | 準備するもの：<br>・手作りマラカス16個<br>（子ども、担任保育者、実習生） | | |

2. 音楽遊びの部分実習指導案

## 2．音楽遊びの部分実習指導案

| 時間 | 環境構成 | 予想される子どもの活動 | 保育者（実習生）の援助・配慮点 |
|---|---|---|---|
| 5分 | ［ピアノ］ ㊑ ○ ○○○○ ○○○○○ ○○○ ㊎ | 【導入】<br>○自分のマラカスを持って保育者のまわりに集まる。<br>・マラカスを鳴らして遊ぶ子がいる。<br><br>○保育者の話を聞く。 | 【導入】<br>○「自分のマラカスを持って、先生のまわりに集まりましょう」と言って、保育者のまわりに集まるよう伝える。<br>・「先生の声が聞こえるように、今はマラカスを鳴らさないようにしようね」と保育者の話を聞くよう伝える。<br>○「昨日マラカスを作りました」「みんな素敵なマラカスができましたね。今日はみんなが作ったマラカスを鳴らして遊びましょう」と伝える。 |
| 15分 | | 【展開】<br>◎マラカスを鳴らしてお返事遊び。<br>○保育者の話を聞く。<br><br><br><br><br>○保育者の話を聞く。<br><br><br>・保育者のすることに注目する。<br><br><br><br><br>○保育者の話を聞く。<br>・名前を呼ばれたら、マラカスを鳴らして「は～い」と返事をする。<br>・恥ずかしそうにマラカスを鳴らす子がいる。<br>・他の子の音を聞いている子がいる。<br>○保育者の話を聞き、思い思いに感想を伝え合う。「きれい」「大きな音だった」「ドキドキした」<br>◎『おもちゃのチャチャチャ』に合わせて演奏。 | 【展開】<br>◎マラカスを鳴らしてお返事遊び。<br>○「みんなのマラカスはどんな音がするのか、音を聞かせてくれるかな。先生が順番にお名前を呼んだら、マラカスを鳴らしてお返事してみよう」と保育者の呼びかけにマラカスを鳴らしてお返事をすることを伝える。<br>○担任保育者と事前に打ち合わせをし、見本を示す。「今から○○先生とやってみるので、聞いていてね」と話す。<br>・わらべうたを歌うときのような自然な声の高さで「○○先生」と別の保育者の名前を呼ぶ。<br>・名前を呼ばれた保育者は「は～い」と返事をしながらマラカスを鳴らす。<br>○「では今度はみんなのお名前を順番に呼びます。呼ばれたら、マラカスを鳴らしてお返事してみましょう」と伝える。<br>・子どもの顔を見ながら順番に名前を呼び、マラカスを鳴らすよう促す。<br>・子どもがマラカスを鳴らせたら、「素敵な音だね」「いい音だね」などの声かけをする。<br>○全員鳴らし終わったら、「みんなとても素敵な音でしたね」と話し、「どんな気持ちでしたか」と感想を聞く。<br><br>◎『おもちゃのチャチャチャ』に合わせて演奏。 |

（6）4歳児クラス／手作りマラカスを奏でてみよう

| 時間 | 環境構成 | 予想される子どもの活動 | 保育者（実習生）の援助・配慮点 |
|---|---|---|---|
| | | ○『おもちゃのチャチャチャ』を歌いだす子がいる。 | ○「今度はみんなで一緒に歌に合わせて演奏してみましょう。みんなもよく知っている『おもちゃのチャチャチャ』に合わせて演奏するよ」と言い、歌に合わせてマラカスを演奏することを伝える。 |
| | | ・保育者の話を聞く。 | ・「みんなで歌を歌いながら演奏するよ。2番の歌詞まで歌えるかな。『おもちゃのチャチャチャ』のリズムにのってマラカスを鳴らしてみよう」と伝える。 |
| | | ○『おもちゃのチャチャチャ』を歌いながら、歌に合わせてマラカスを鳴らす。 | ○『おもちゃのチャチャチャ』を素歌で歌い、マラカスを鳴らす。 |
| | | ・あきてしまう子がいる。 | ・「1・2・3・ハイ」で歌い始める。 |
| | | ・動き出す子がいる。 | ・保育者や担任も子どもの様子を見ながら一緒にマラカスを鳴らす。 |
| | | | ・2番まで歌い終わったら「みんなの演奏、とても素敵でしたね」と伝える。 |
| | | ○保育者の話を聞く。 | ○「次はピアノと一緒に演奏してみましょう」と言って、『おもちゃのチャチャチャ』をピアノの伴奏で演奏する。 |
| | | ・ピアノの伴奏にわくわくする。 | |
| | | ・さっきよりも少し元気よくマラカスを鳴らす。 | ・さっきよりも少し軽快な雰囲気でピアノの前奏から演奏する。 |
| 3分 | | 【まとめ】 | 【まとめ】 |
| | | ○活動を振り返り、口々に感想を話す。 | ○「みんなとても素敵な音色で演奏できました」と声をかけ、子どもに活動を振り返っての感想を聞く。 |
| | | ・次の活動に期待をふくらませる。 | ・「今度はもっといろんな歌に合わせて演奏してみよう」と言って、次の活動に期待をもたせる。 |
| | | ○マラカスの片づけをする。 | ○マラカスを片付けるよう呼びかける。 |

## 【実施するときのポイント】

　この指導案は手作りマラカスが完成していることを前提としています。自分のマラカスを作る「個の活動」から、作ったマラカスを用いて友達と一緒に演奏する「集団の活動」へと発展しています。マラカスの作り方の手順は【手作りマラカスのつくり方】を参考にしてください。マラカスを作る活動と作ったマラカスを鳴らして楽しむ活動は、子どもの様子や進度を見ながら別日に分けて行ってもよいでしょう。

マラカスの音を鳴らすときと鳴らさないときのメリハリをつけましょう。音が鳴っているときと鳴っていないときの聞き分けができ、より音に集中することができます。お返事遊びの例を示す場面では、担任保育者と事前に打ち合わせをしておきましょう。保育者が子どもの名前を呼ぶときの声の高さは、自然な声の高さ（1点二音くらい）で呼びかけるとよいでしょう。『おもちゃのチャチャチャ』に合わせてマラカスを鳴らす場面では、子どもの様子を見ながら、保育者自身も音楽にのって演奏を楽しみましょう。「チャチャチャ」の歌詞の所は、みんなで揃えて鳴らすと友達と一緒に演奏する楽しさが深まります。『おもちゃのチャチャチャ』の歌詞は4番までありますが、子どもが集中して活動に参加できるよう2番までとしています。マラカスの鳴らし方は「振る」奏法だけでなく、叩く、こする、回す、など変化をつけて音色の違いを楽しむこともよいでしょう。

## 【手作りマラカスのつくり方】

・材料：蓋付きの透明な容器、小さい鈴、砂、小石、木の実、ビーズ、スパンコールなど身近にある素材
・つくり方：
① 蓋付きの容器の中に好きな素材を入れます。
② 素材を入れ終わったら、蓋をして出来上がりです。

　透明の容器は市販されている飲料の蓋付きボトルを使用しています。子どもの手に持ちやすい小さめのサイズを使用しましょう。マラカスの中身の素材は、身近にあるものや面白い音が出るもの、色がついたものなどを選ぶと楽しいでしょう。マラカス作りを通して、素材の音、形、色、手触り、香りなどに気づき、素材に親しみをもつことができます。容器の外側に絵を描いたり、シールを貼ったりしても楽しいでしょう。木の実はよく乾燥させ、冷凍してから使用しましょう。

手作りマラカス

# 音楽遊び (7) 5 歳児クラス　12 月　部分実習指導案
## ―もちつきあそび―

### 【この指導案の特徴】

ピアノ以外、特に教材の準備が必要ないので手軽に行える内容です。ピアノが苦手でも素歌（伴奏なしで歌うこと：アカペラ）で対応することができます。

少し難しい内容ですが、子どもたちは友達と一緒に行う楽しさを味わえて、できたときの達成感も味わうことができます。

歌う速さを変えたりして繰り返し行うことができるので、部分実習のもち時間に合わせて融通をきかせることができます。



## 部分実習指導案

実施日：（ 12 ）月（ 20 ）日（ 木 ）曜日

対象児：（ 5 ）歳児（ 16 ）名（ 男 8 名／女 8 名 ）

テーマ：もちつきあそび

**主な活動内容**

・お正月の歌に合わせて、手で餅つきのリズム遊びをする。

**子どもの実態**

・音楽に合わせて体を動かすことを楽しんでいる。
・友達と一緒に遊ぶことを楽しんでいる。
・餅つきの経験があり、もうすぐ園で餅つきをすることを楽しみにしている。

**ねらい**

・『お正月』の歌を歌って行事の歌に親しむ。
・音楽の拍子やリズムを体で感じる。
・友達と一緒に表現することを楽しむ。

| 時間 | 環境構成 | 予想される子どもの活動 | 保育者（実習生）の援助・配慮点 |
|---|---|---|---|
| 2 分 | 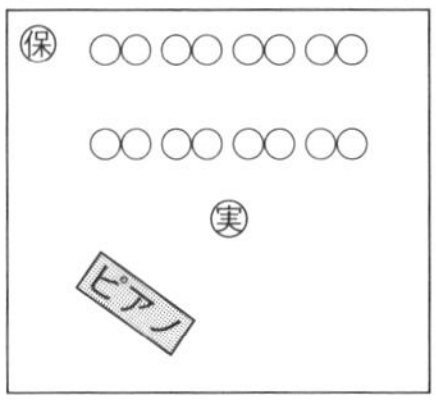 | 【導入】<br>○保育者の質問に答える。<br>・口々に食べ物の名前を言う。「お餅」「かまぼこ」<br>○保育者から活動内容を聞く。 | 【導入】<br>○「もうすぐお正月ですね。お正月には何を食べますか？」と聞いてお正月への想像を促す。<br>・子どもの返答に応じる。<br>・絵などを用意して、おせち料理の話をする。<br>○「お正月にはお餅を食べますね。今日はみんなで音楽のお餅つきをしましょう」と活動内容を伝える。 |

## ２．音楽遊びの部分実習指導案

| 時間 | 環境構成 | 予想される子どもの活動 | 保育者（実習生）の援助・配慮点 |
|---|---|---|---|
| 16分 | 隊形：2人組で向かい合わせに座る。<br>音楽：『お正月』 | 【展開】<br>◎保育者から活動内容を聞く。<br>・この歌を知っている子どももいる。<br>・保育者の模倣をして覚える。<br><br>○『お正月』をピアノ伴奏に合わせて歌う。<br><br>◎活動内容を静かに聞く。<br><br>・2人組をつくって向かい合わせに座り、相談して役割を決める。<br><br>・保育者の模範を静かに見る。<br><br><br><br><br><br><br><br><br><br><br><br><br><br><br><br>○2人でリズム打ちを行う。<br>・うまくできない子どももいる。<br>○皆で歌いながら歌に合わせてリズム打ちをする。 | 【展開】<br>◎始めに『お正月』を歌うことを伝える。<br>・「『お正月』の歌をみんなで覚えましょう」と言って、素歌でモデル唱をする。<br>・4小節歌ったら模倣することを繰り返す。「同じように歌ってね」と伝える。<br><br>○保育者のピアノ伴奏に合わせて全員で通して歌う。<br>・楽しそうに歌うように促す。<br>◎隣の友達と2人組になって歌に合わせて手でお餅つきをすることを伝える。<br>・椅子に座ったまま向かい合わせになり、1人が餅をつく人、他方が水を付ける人の役割をすることを伝え、2人で相談して役割を決めるように伝える。<br>・遊び方を説明して担任保育者と一緒に模範を見せる。<br>餅をつく人：左手のひらを上に向けて膝に置く。右手を杵に見立て、「ぺったんぺったん」と言いながら1拍目と3拍目で左手のひらを打つ（左手は動かさない）。<br>拍子　　1　　　2　　　3　　　4<br>　　　　　ぺっ　たん　ぺっ　たん<br>水を付ける人：左手のひらを上に向けて少しくぼめ、水の入った器に見立てておへその前に置く。右手で1拍目と3拍目では器に見立てた自分の左手のひらを触り、2拍目と4拍目では「ちょん」と言いながら水を付けるように相手の左手のひらを触る。<br>拍子　　1　　　2　　　3　　　4<br>　　　　　器　ちょん　器　ちょん<br>○それぞれ2人組でリズム打ちを練習するように伝える。<br>・やり方がわからない子どもを個別に援助する。<br>○皆でゆっくりと歌いながら歌に合わせて行うように伝える。<br>・歌いだしは「1、2、3、ハイ」と言って速さを決めて始める。 |

（7）5歳児クラス／もちつきあそび

| 時間 | 環境構成 | 予想される子どもの活動 | 保育者（実習生）の援助・配慮点 |
|---|---|---|---|
| | | ・2人の息が合わず、うまくできないグループがある。 | ・歌によく合わせて2人で協力するように注意を促す。 |
| | | | ・何回か練習をする。 |
| | | ○ピアノ伴奏に合わせて行う。 | ○保育者のピアノに合わせて行うように伝える。 |
| | | | ・しっかりと声を出して歌いながら弾く。 |
| | | ○相手の友達と役割を交替する。 | ○役割を交替して同様に行うように伝える。 |
| | | ◎保育者から次の活動内容を聞く。 | ◎「お正月が近いのにお餅が足りないの」と言い、スピードアップしてたくさんつくることを伝える。 |
| | | ○保育者から内容を聞いて驚く。 | ○先ほど同様のリズム打ちを2倍速で行うことを伝えて方法を説明する。 |
| | | ・保育者の模範を見る。 | ・遊び方を説明して担任保育者と一緒に模範を見せる。 |
| | | | 餅をつく人：全ての拍のときに左手のひらを右手で打つ。 |
| | | | 拍子 1拍目　2拍目　3拍目　4拍目<br>　　ぺったん　ぺったん　ぺったん　ぺったん |
| | | | 水を付ける人：すべての拍のときに自分の左手のひら（器）と相手の左手のひら（ちょん）を交互に右手で触る。 |
| | | | 拍子 1拍目　2拍目　3拍目　4拍目<br>　　器 ちょん 器 ちょん 器 ちょん 器 ちょん |
| | | ○皆で歌いながらリズム打ちをする。 | ○皆で歌いながら歌に合わせて行うように伝える。 |
| | | ○ピアノ伴奏に合わせて行う。 | ○保育者のピアノに合わせて行うように伝える。 |
| | | ○相手の友達と役割を交替する。 | ○役割を交替して同様に行うように伝える。 |
| | | ・速さについていけずに興奮する子どももいる。 | ・しっかりと歌に合わせ、手を挟まれないように注意して行うように促す。 |
| 2分 | | 【まとめ】<br>○保育者の質問に応える。 | 【まとめ】<br>○「手を挟まれなかったか」「たくさんお餅をつくれたか」を尋ねる。 |
| | | ・楽しかったことを口々に話す。 | ・歌に合わせて上手にお餅つきができていたグループがあったことを伝える。 |
| | | ・餅つきの行事への期待をふくらませる。 | ・「今度の園での餅つきがますます楽しみになりましたね」と言って、行事への期待をもたせる。 |

2. 音楽遊びの部分実習指導案

## 2．音楽遊びの部分実習指導案

**【実施するときのポイント】**

　少し内容が難しいので、ゆっくりとした速さで練習を行ったり、2人組のメンバーを考慮するなど、工夫して援助するとよいでしょう。特にうまくできないグループには、手を取って丁寧に援助します。うまくできなくても、楽しめたことを感じられるような言葉をかけるようにします。歌い始めは必ず「1、2、3、ハイ」と合図をして、しっかりと速さを提示するように注意しましょう。

　応用編として、子ども全員がお餅をつく役目になり、保育者が1人で水を付ける役になって、いろいろな子どもの手の上に水を付けていくこともできます。

（8）5歳児クラス／楽器を楽しもう

# 音楽遊び（8）5歳児クラス　7月　部分実習指導案
## ―楽器を楽しもう―

### 【この指導案の特徴】

　『山の音楽家』に出てくる動物を増やし、楽器でその動物を表現する活動です。音楽活動といえば、既存の曲をそのまま演奏することに関心が向きがちですが、子どもが自由にイメージをふくらませて創作し、自分なりの表現を楽しむことも大事な観点の1つです。この活動は、その前段階の活動として捉えられます。子どもが様々な楽器固有の音の特性に着目し、音から想像をふくらませていく体験の1つとして、本活動ではカスタネットの音をきつねの声に見立ててリズム奏をします。

2. 音楽遊びの部分実習指導案

---

## 部分実習指導案

実施日：（ 7 ）月（ 10 ）日（　　）曜日

対象児：（ 5 ）歳児（ 18 ）名（ 男 9 名／女 9 名 ）

テーマ：　楽器を楽しもう

● 主な活動内容 ●
・『山の音楽家』に新しい仲間を加え、歌いながらリズム楽器を演奏する。

| ● 子どもの実態 ● | ● ねらい ● |
|---|---|
| ・友達とアイデアを出し合いながら、自分の興味を深く追求して遊ぶ姿が見られる。<br>・言葉遊びに関心をもち、友達と替え歌を楽しむ姿が見られる。 | ・歌の世界から想像をふくらませ、楽器で音を表現する楽しさを味わう。<br>・リズム表現の楽しさを味わう。 |

| 時間 | 環境構成 | 予想される子どもの活動 | 保育者（実習生）の援助・配慮点 |
|---|---|---|---|
| 5分 | 隊形：机の前に集まり、2列になって座る。<br><br>　机　ピアノ<br>　㊙<br>○○○○○○○○○○<br>○○○○○○○○○○<br>㊙<br><br>※机にはカスタネットを設置しておき、布をかぶせておく。 | 【導入】<br>○保育者の話を聞く。<br>・「きつね！」と口々に答える。<br>・保育者を模倣して、手できつねの形をつくる子どももいる。<br><br>○手遊びをする。 | 【導入】<br>○「今日は動物がたくさん出てくる音楽で遊びましょう」と前置きし、「始めに出てくるのは誰かな？」と言いながら、手できつねの形をつくり、子どもに見せる。<br><br>○『こんこんきつね』の手遊びをする。<br>・楽しい雰囲気で手遊びを行い、活動に期待をもたせるようにする。 |

**2．音楽遊びの部分実習指導案**

| 時間 | 環境構成 | 予想される子どもの活動 | 保育者（実習生）の援助・配慮点 |
|---|---|---|---|
| 20分 | 音楽：『山の音楽家』 | ○保育者の話を聞く。<br><br>・「何が出てくるのかな？」「たぬき！」など、思い付いた動物を次々にあげる。<br>・曲名をあげる子どももいる。<br><br>【展開】<br>◎保育者から活動内容を聞く。<br>・この歌を知っている子どもが多いが、歌詞があやふやな子どももいる。<br><br>○歌詞の内容に留意しながら、丁寧に歌う。<br><br><br><br><br>・歌詞に登場した動物や楽器の名前を次々答える。<br><br><br><br><br><br><br><br>○身振りを付けて歌う。<br>・保育者の模倣をしながら、楽器を弾く動作を付けて歌う。<br><br><br>◎保育者から活動内容を聞く。<br><br>・「カスタネットじゃない？」「きつつき？」など、自由に発言する。「きつねだ！」という声もあがる。 | ○「次の歌には、きつねさんのほかに、たくさん動物が出てきますよ」と伝える。<br>・子どもの返答を受けて、「山の動物たちが、楽しく楽器を弾いている歌ですよ。これから、動物たちと一緒に、歌いながら楽器を弾いてみましょう」と活動内容を伝える。<br><br>【展開】<br>◎初めに、既習の『山の音楽家』を歌うことを伝える。<br>・「『山の音楽家』の歌をみんなで覚えましょう。知っている人は一緒に歌ってね」と言い、弾き歌いをする。<br><br>○「次は、歌に出てくる動物と楽器をよく聴きながら歌ってみましょう」と伝える。<br>・前段階で歌える子どもが少なかった場合は、4小節ごとの部分唱を行い、模倣するよう伝える。<br>・動物名と楽器名、音の部分は、「次は何だったかな？」という表情で子どもを見て、子どもが自ら歌うように促す。<br>・歌った後、「誰が」「何を」「どうやって」弾いていたか問いかける。<br>・子どもの声を拾い、「小鳥が」「フルートを」「ピッピッピと吹いていたね」などとまとめる。<br><br>○「歌に出てくる動物になりきって、楽器を弾く身振りを付けて歌いましょう」と呼びかける。<br>・伴奏をせず、楽しい雰囲気で身振りを付けて歌う。<br><br>◎カスタネットを『山の音楽家』の仲間に入れることを提案し、活動の説明をする。<br>・「あれっ？」と、子どもの注意を引き付けてから、「向こうからこちらをじっと見ている動物がいますよ」と言い、体の後ろで「コンコン」とカスタネットを鳴らす。 |

（8）5歳児クラス／楽器を楽しもう

| 時間 | 環境構成 | 予想される子どもの活動 | 保育者（実習生）の援助・配慮点 |
|------|----------|------------------------|--------------------------------|
| | | | ・「いちばん初めに遊びに来た動物さんは誰だっけ？」と、導入の手遊びを思いだすよう促す。 |
| | | | ・子どもの声を拾い、「よく分かったね！」「なるほど、きつつきもこんな音を鳴らすね」など、肯定的な応答をする。 |
| | | | ・「では、今度はこのカスタネットで、きつねさんを山の音楽家の仲間に入れてあげましょう」と伝える。 |
| | | ・カスタネットを受け取り、指にはめる。 | ・カスタネットを配る。 |
| | | ・はめ方の分からない子に、ほかの子が教えている。 | ・保育者が話している間は楽器を鳴らさないという約束事を伝える。 |
| | | ・カスタネットを自由に鳴らす。 | |
| | | ・「コンコン」と答える。 | ・「きつねさんは何て鳴くかな？」と問いかける。 |
| | | ○リズム打ちをする。 | ○「では、カスタネットで『コンコンコン』と鳴いてみましょう」と呼びかける。 |
| | | ・保育者の合図の後、全員で「コンコンコン」（♩♩♩）のリズムを打つ。 | ・「コン・コン・コン（はい）」と、4拍目に合図を入れて、リズムを打つタイミングが分かりやすいように配慮する。 |
| | | ○保育者の範奏を聞く。 | ○「今度は歌に合わせてみましょう」と呼びかけ、範唱・範奏する。歌詞は「やまの『きつね』／じょうずに『カスタネット』たたいてみましょう／『コココンコンコン…』」とする。 |
| | | ・保育者と一緒に歌う子どももいる。 | |
| | | ・たくさん鳴らしてしまう子もいる。 | ・「コココンコンコン…」の部分は、言葉のリズムに合わせてカスタネットを打つ。 |
| | | ○保育者に続いて、「コココンコンコン」のリズムを打つ。 | ○保育者と子どもが交互にリズムを打つ。 |
| | | | ・「コンコン」で「どうぞ」と合図をし、子どもがリズムを続けやすいように配慮する。 |
| | | | 保育者「♫｜♪♪♪」<br>（どうぞ）<br>子ども「♫｜♪♪♪」<br>保育者「♫｜♪♪♪」<br>（どうぞ）<br>子ども「♫｜♪♪♪」 |

2. 音楽遊びの部分実習指導案

51

## 2．音楽遊びの部分実習指導案

| 時間 | 環境構成 | 予想される子どもの活動 | 保育者（実習生）の援助・配慮点 |
|---|---|---|---|
| | | | ・リズム応答をしながら、子どもの間を回り、合わせられない子どもには、向き合ってリズム応答をする。 |
| | | ・速く打とうとしてリズムが崩れてしまう子どもや、大きな音で楽器を叩く子どももいる。 | ・「きつねさん、ゆっくりお話ししてね」と言い、落ち着いた音で演奏するよう促す。 |
| | | ○ピアノ伴奏に合わせ、1〜4番を通して演奏する。 | ○『山の音楽家』の4番にきつねが出てくることとし、1〜4番までを通して歌唱・演奏することを伝える。 |
| | | | ・1〜3番は身振りを付けて歌い、4番はカスタネットを打ちながら歌うことを伝える。 |
| | | | ・子どもが演奏しやすいよう、明確なリズムで伴奏する。 |
| 5分 | | 【まとめ】<br>○活動を振り返る。<br>・保育者の話を聞く。<br>・活動の余韻を楽しむ。 | 【まとめ】<br>○子どもの演奏を振り返り、よかった点を褒める。<br>・「今度はまた別の動物も呼んであげようね」と言って、次回の活動に期待をもたせる。 |
| | | ○カスタネットの片付けをする。 | ○カスタネットを片付けるよう呼びかける。<br>・整頓して収納するよう促す。 |

## 【実施するときのポイント】

### 1. 準備

　カスタネットは人数分を準備し、実習生から近い場所に置いておきます。子どもが気を取られて集中力を欠くことのないように、楽器を使い始める時間までは布などをかぶせておくとよいでしょう。また、子どもに見えないように体の後ろでカスタネットを鳴らす場面がありますので、自分用のカスタネットはすぐに取り出して使えるように準備をしましょう。

　使用できる楽器の種類と数は、施設によって様々です。まずは、実習で使用可能な楽器の種類と数を担任保育者から聞き取り、その中から活動で使用する楽器を決めていきます。本指導案ではカスタネットを使用していますが、ほかの楽器で実践することも可能です。たとえば、鈴を使って「うさぎ」のかわいらしいイメージを表現したり、タンブリンのトレモロ奏で「セミ」の音を表現することも

（8）5歳児クラス／楽器を楽しもう

できます。

## 2. 実施上のポイント

### ①導入

まず、『こんこんきつね』の手遊びを行い、子どもとの間に親近感や安心感が生まれるようにします。本指導案では、活動の内容と関連させた手遊びを選んでいます。最初に遊びに来たきつねさんが山の音楽家の仲間に入る、というストーリーを組み立てることによって、活動全体に統一感を出すことを意図しています。

手遊びの後は、「今日は、山にいる動物たちが出てくる歌で遊びましょう」「たくさん動物さんがやって来たから、きつねさんはちょっとびっくりして、隠れてしまいましたよ」などという言葉をかけて、自然に活動の展開へとつなげていきます。

### ②展開

i. 歌詞の世界を味わう

『山の音楽家』を歌い、動物たちの仕草や楽器の音色の面白さに着目して、歌詞の世界を味わうよう促します。ここで歌の世界をよくイメージしておくことで、その後の展開が豊かなものになります。

ii. 身振りを付けて歌う

「キュキュキュッキュッキュッ」「ピピピッピッ」「ポコポンポンポン」の部分を、その楽器を演奏している身振りを付けて歌います。ここでは、体をリズムに合わせて動かすようにします。ここでリズムをしっかり感じ取っておくことで、次のカスタネットでの活動がスムーズに進められます。

iii. 楽器で表現する

カスタネットの音をきつねの鳴き声に見立てています。楽器を見せる前に、子どもに「音だけ」を聞かせるのがポイントです。子どもは耳を澄ませ、何の音が鳴っているのかを想像を巡らせて考えます。こうした経験の積み重ねで、子どもは音を注意深く聞く力を身に付け、外の世界の様々な音に対して興味を広げていきます。

カスタネットで打つ「ココココンコンコン」の16分音符のリズムを丁寧に打てるように、最初の範奏は少しゆっくりと行います。続いてリズム打ちの練習をするときは、途切れずに子どもたちがリズム応答できるように、合図を出す練習をしておきましょう。上手にできるようになったら、「きつね」を4番として、1番から続けて歌います。1番から3番までは身振りを付けて、4番はカスタネットで演奏します。

### ③まとめ

活動を振り返り、「みんなの頑張りのおかげで、きつねさん、きれいなリズム

2. 音楽遊びの部分実習指導案

53

でコンコン鳴けていたね」など、具体的によかった点を褒めるようにします。また、「きつねのほかにも、どんな動物がどんな楽器で音楽会に参加できそうか、いいアイデアがあったら今度教えてね」などの言葉で締めくくると、子どもが遊びの中で自発的にこの活動を発展させていくことにもつながります。

# 3.
# 造形遊びの部分実習指導案

　造形遊びは、素材に触れて認識して、手と道具を用いて頭に浮かんだイメージを形にする遊びです。子どもが活動に取り組む姿勢は、発達や環境、経験によって違いが生まれます。活動の時間や難易度には、年齢に見合った内容と配慮が必要です。

　実習における指導計画を立案するとき、まずは自分のこれまでの経験を振り返ってください。それをもとにして、実習園の保育方針や年、月の計画、季節に留意しながら、担当のクラスの年齢の発達段階を観察して、それに沿ったねらいや内容、教材選択、支援の仕方を立案してみましょう。

　造形の活動は、教材研究、教材準備、そして製作の援助と内容は盛りだくさんですが、子どもにとっては、素材とのどきどきする出会いや作品ができたときの喜びや達成感はひとしおです。子どもが期待に胸をふくらませて、目を輝かせる表情をイメージして指導案を考えてみましょう。

3．造形遊びの部分実習指導案

# 造形遊び（1）3歳児クラス　6月　部分実習指導案

―ボトルキャップでつくろう―

## 【この指導案の特徴】

　対象年齢である3～4歳児は、指先機能の発達が見られる時期であり、身の回りのことを自分で行う自我が芽生える時期でもあります。

　一方、紐など細いものを穴などに「通す」ことは、造形活動で行う作業の1つであるのと同時に、日常行為とも連動しています。衣服のボタンを穴に通すことや靴に紐を通すなど、日常的な動作を造形活動（遊び）の中から体得していくことで、発達的な促進を育むことをねらいとします。

　また、製作したもので遊べることから、自宅に持ち帰り家族と共に遊ぶなど、コミュニケーションツールにもなる造形活動の活用性を体験できます。

## 部分実習指導案

実施日：（ 6 ）月（ 10 ）日（ 水 ）曜日
対象児：（ 3 ）歳児（ 12 ）名（ 男 7 名／女 5 名 ）
テーマ：ボトルキャップでつくろう

| ● 主な活動内容 ● |  |
|---|---|
| ・ボトルキャップで「あおむし」をつくる。 |  |
| ● 子どもの実態 ● | ● ねらい ● |
| ・絵本『はらぺこあおむし』に出てくる「あおむし」に興味をもっている。 | ・日常行為でもある紐を「通す」ことを造形遊びを通して経験する。<br>・つくったもので遊べる楽しさを体験する。 |

| 時間 | 環境構成 | 予想される子どもの活動 | 保育者（実習生）の援助・配慮点 |
|---|---|---|---|
|  | 準備するもの：<br>・材料は箱にまとめて入れ、各机の上に置く。<br>・絵本『はらぺこあおむし』 | ・次の活動へ移る。 | ・作業環境の設定を行う。 |

（1）3歳児クラス／ボトルキャップでつくろう

| 時間 | 環境構成 | 予想される子どもの活動 | 保育者（実習生）の援助・配慮点 |
|---|---|---|---|
| | （図：実・担の配置図）<br>用意するものを配置する | ・準備中の保育者に話しかける子や、すぐに座らない子、友達との話をやめない子どもがいる。 | ・絵本の読み聞かせのため、前方に子どもたちを誘導し、床に座るように伝える。子どもたちが保育者の話しに集中できるように手遊びなど歌い、手は膝の上の姿勢に揃える。 |
| 10分 | | 【導入】<br>・絵本『はらぺこあおむし』の読み聞かせを楽しむ。 | 【導入】<br>・絵本に登場する「あおむし」が製作のモチーフになることを説明する。あおむしへのイメージをふくらませるようわかりやすく話しかける。 |
| 20分 | （図：実・担の配置図）<br><br>手順：<br><br>①紐の先端をボトルキャップの穴に通す。<br>②キャップの次にはストローを紐に通す。<br>③上記①②を交互に繰り返して紐に通していく。<br>④紐通しの最後のボトルキャップは、顔の部分になる側面に両面テープが貼着したものにする。<br>⑤顔になる弁当おかずカップの色のある方の底部に丸シールを貼る（目の位置になるように貼る）。<br>⑥⑤でできた顔を紐に通し、④の両面テープの表面シートをはがして貼り付ける。<br>※次々頁の「あおむし展開図」を参照 | 【展開】<br>・数人ずつ、後方の机の方へ移動し、着席する。<br><br><br><br>・ボトルキャップを取る際に、取り合いになる子がいる。<br>・キャップやストローに紐を通す作業が困難な子もいる。<br>・作業の進み具合いに個人差が出てくる。<br>・飽きてきて、椅子から離れる子どもが出てくる。<br><br><br><br><br><br><br><br><br><br><br><br>・あおむしの胴体の長さは、子どもごとに異なっている。 | 【展開】<br>・製作のために、子どもたちを後方の机に誘導し、速やかに着席するように「自分の椅子に座りましょう」と言う。<br>・見本を見せながら、作品の説明を行う。<br>・ボトルキャップを配る。<br>・子どもたちには全員にいきわたったか確認する。5個ずつ取るように言う。<br>・手順①～③までを行う。紐通しなどにとまどう子どもを援助する。<br>・子どもによって得意不得意、あるいは好き嫌いの個人差が出てくるため、作業に集中できない子どもは、手順⑤の顔づくりだけ行ってもよい。<br>・穴通しをストローだけ、あるいはキャップだけなどの工夫を加えて、子どもに難しいことにも挑戦しようという気持ちを促す。<br>・チャレンジ方法の1つとして、太い穴の紐通しだけでなく、意図的に細い穴の紐通しなどを提案する。<br>・紐に通すキャップとストローの数は、各子どもの進捗状況に応じ、あおむしの胴体の長さを決める。<br>・キャップとストローの紐通しまで10分ほどで行う。<br>・手順④を示し、1つずつ渡していく。<br>・手順⑤に入る前に、手本を披露する。 |

3. 造形遊びの部分実習指導案

### 3．造形遊びの部分実習指導案

| 時間 | 環境構成 | 予想される子どもの活動 | 保育者（実習生）の援助・配慮点 |
|---|---|---|---|
| | | ・あおむしの顔の部分の作業でとまどう子どもも出てくる。 | ・上手に貼れない子どもに、「どれにしようかな」「ピタッと貼ろう」など声をかける。 |
| | | | ・手順⑤にて、ボトルキャップに付いている両面テープの表面シートをはがす際、丁寧にはがすように援助する。 |
| | | | ・手順⑥、⑤を終了した子どもの作品に最後の紐の処理を施す。通したものたちが抜けないよう、玉結びを行う。持ち手ができるように輪っかにして結ぶ。1人ずつに対応する。 |
| 10分 | | 【まとめ】<br>・完成した作品を使って、あおむしに動きを与えるように遊ぶ。<br>・保育者に名前を書いてもらう。 | 【まとめ】<br>・あおむしの動く様子などのお手本を見せたりする。<br><br>・作品に記名し、棚の上にのせる。 |

## 【実施するときのポイント】

・靴紐、もしくはゴム紐を選ぶ際、できるだけ丸形状の細い紐にしましょう。
・キャップの穴とストローの穴に紐を通す工程では、できるだけ子ども自身が作業を行うように援助を心がけます。
・キャップやストローを最後まで通したところで、誤って通したものが全部抜けだささないよう配慮をします。

## 【準備する物】

・ペットボトルのキャップ
・ストロー
・靴紐、弁当おかずカップ（5号）、丸シール
・絵本『はらぺこあおむし』（著：エリック・カール、偕成社）
〈ペットボトルのキャップ〉
顔の部分
・キャップの側面に両面テープを貼り付けておきます。

胴体の部分

- キリやドライバーなどでキャップの真ん中に穴をあけます。紐がスムーズに通れるくらいの、やや大きめの穴にします。
- マスキングテープをキャップの側面に貼って、色付けします。この際、マスキングテープは複数色用意し、色とりどりのキャップ複数個が用意できると望ましいです。

先の尖ったものでキャップに穴をあける

キャップの側面にマスキングテープを貼る。

〈弁当おかずカップ5号〉

- 外側の底の面の中心に穴をあけます。

〈ストロー〉

- 直径の大きいストローを選び、15〜20mmの長さに切り分けます。
- 数はたくさん用意します。

〈靴紐／ゴム紐〉

- 1本（約1300mm）を半分（約650mm）に切るなど適度な長さに調整し、切り口の方に抜け落ちないよう、玉結びを施す（ボトルキャップにあけた穴より大きめの結び目にする）。

## 【あおむし展開図と完成イメージ】

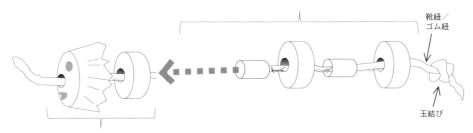

靴紐に①キャップ②ストローの順で繰り返し通していく。キャップ5〜6個が目安

靴紐／ゴム紐

玉結び

最後のキャップの側面の両面テープをはがし、弁当おかずカップをかぶせて貼着する

3．造形遊びの部分実習指導案

## 造形遊び（2）2歳児クラス　2月　部分実習指導案
### —うでかざりをつくろう—

【この指導案の特徴】

　個人製作です。トイレットペーパー芯の弾力性を感じ取る科学遊びでもあります。季節や園生活の流れ、子どもの実態に応じてアレンジできます。支援方法を工夫すれば、2〜5歳児に実施可能です。

　後日、この作品が他の遊びに発展することが期待できます（ヒーローやプリンセスになったり、積み木、ぬいぐるみなどに挟むなど）。その際、子どもたちの遊びが広がるような環境も工夫しましょう。保育室内の玩具や保育者がつくるシアターなど、様々な可能性に気付き、実践して下さい。

### 部分実習指導案

実施日：（ 2 ）月（ 20 ）日（ 火 ）曜日
対象児：（ 2 ）歳児（ 10 ）名（ 男 5 名／女 5 名 ）
テーマ：うでかざりをつくろう

● 主な活動内容 ●
・トイレットペーパー芯を生かした「うでかざり」に、シールを貼り、身に着けることを楽しむ。

| ● 子どもの実態 ● | ● ねらい ● |
|---|---|
| ・登園時、帳面にシールを貼ることを楽しみにしている。<br>・自由遊びの時間に、簡単なごっこ遊びを行う姿が見られる。 | ・生活の中で子どもたちが興味をもっている素材や動作を生かした表現を楽しむ。<br>・つくったもので遊ぶ。 |

| 時間 | 環境構成 | 予想される子どもの活動 | 保育者（実習生）の援助・配慮点 |
|---|---|---|---|
| 5分<br><br>15分 | ・子どもは椅子に座り、机上で製作する。<br><br>（配置図：机・保・実・ピアノ） | 【導入】<br>◎手遊び<br>・保育者とともに手遊びをする。<br>・活動に興味をもつ。<br><br>【展開】<br>◎保育者の話を聞き、シール遊びを始める。 | 【導入】<br>◎手遊び『いとまき』を行う。<br>・「うでかざり」という言葉で手遊びを締めくくる。<br><br>【展開】<br>◎保育者がつくったうでかざりを見せる。<br>◯保育者は、シールをまだ貼っていないうでかざりにシールを貼って見せ、腕にはめられることを伝える。<br>・腕に着けてみる。 |

(2) 2歳児クラス／うでかざりをつくろう

| 時間 | 環境構成 | 予想される子どもの活動 | 保育者（実習生）の援助・配慮点 |
|---|---|---|---|
| 10分 | 準備するもの：<br>・トイレットペーパー芯（1本を縦に切り、3等分に輪切りする。角を丸め切る。アルミホイルで巻き、裏に記名する）<br>・シール台紙<br>・作品を集めて入れる箱<br>・シール台紙の残りを入れる箱<br>・保育者の作例（シールを貼っていないもの） | ・うでかざりづくりを始める。<br>・シールをめくることにとまどう子どももいる。<br>・シールをすべて貼り終えて、もっと貼りたがる子どももいる。<br><br>【まとめ】<br>・完成を喜び、うでかざりを楽しむ。<br>・うでかざりをはめて楽しむ。<br><br><br><br>・貼り終えたシール台紙を、机上の箱に入れて後片付けをする。<br>・うでかざりを保育者に預ける。 | ・とまどっている子どもと一緒にシールを貼り、興味がもてるよう支える。<br>・シールは、なくなったらおしまいと知らせる。<br><br><br>【まとめ】<br>・子どもたちの活動の姿勢や表現のよさを認め伝える<br>・うでかざりを子どもたちがはめて楽しめるよう支える。<br>・自分ではめることにとまどう子どもに、はめ方を伝えたり、手を添える。<br>・シール台紙の残りを入れる箱を配り、片付けるよう伝える。<br>・うでかざりを保育者まで持ってくるよう伝え、棚に飾る。 |

〈トイレットペーパー芯の下準備〉

〈子ども1人分の材料〉

〈完成作例〉

〈色画用紙のもみ紙を貼った応用作例〉

〈ビニールテープを用いるときは、角を少しめくっておくと、子どもがはがしやすい〉

3. 造形遊びの部分実習指導案

## 3．造形遊びの部分実習指導案

**【実施するときのポイント】**

　必ず事前に試作し、材料や用具は適切か、子どもはどこでつまずくか、何を援助するか、とまどう子どもをどう支援するかを想定します。準備材料に危険はないか、また、記名の場所や方法、完成作品をどこに収納するか、事前に園と確認します。

　シールをテーブルに2箱程度準備して共有すれば、シールの色や大きさを子どもが選ぶことができます。この場合、どこまで貼り続けるのか、作品に貼られたシール量の個人差はどうするのかという想定が必要です。子どもの個性を重視するのか、平等性を重視するのかは、園事情が大きく影響するため、事前に相談が必要です。シールは、ビニールテープをカッターマットで四角や三角に切り、丸シールの台紙に張り、端を少しめくっておけば、様々な形に子どもたちは触れることができます。

　保育者は個々の子どもを支援しながら、常に全体を把握します。手遊びは、ほかのものに代える工夫ができます。

Memo

（3）2歳児クラス／お花紙をちぎって貼ろう

# 造形遊び（3）2歳児クラス　7月　部分実習指導案
## ―お花紙をちぎって貼ろう―

### 【この指導案の特徴】

　子どもは、多様な素材に出会い、触れることで、感触や形、色などがもつ性質を捉えるようになります。この指導案では、お花紙をちぎって窓に水で貼り付ける活動を通して、以下4点の身体を通した経験をすることが特徴です。

①お花紙をちぎることで紙のやわらかさなどの手触りに気付き、楽しむこと。

②ちぎったお花紙を水で貼り付けることで、ものがくっつくという基本的な体験を行うこと。

③光が透けた際のお花紙の色の美しさや、重なった部分の色の変化に気付くこと。

④複数枚の紙を窓に貼ることで、形が多様に変化することに気付くこと。

　また、指導案を作成する前に、子どもの様子を観察します。この活動は、子どもが一人で紙をちぎることができるという前提で行うものです。ですから、子どもの発達に即して難しいと判断した場合は、お花紙をちぎる活動と窓に水で貼り付ける活動を別日に分けて行ってもよいでしょう。

3. 造形遊びの部分実習指導案

---

## 部分実習指導案

実施日：（ 7 ）月（ 20 ）日（ 火 ）曜日

対象児：（ 2 ）歳児（ 8 ）名（ 男 4 名／女 4 名 ）

テーマ：　お花紙をちぎって貼ろう

---

**● 主な活動内容 ●**
・お花紙を手でちぎり、その紙を窓に水で貼り付ける。

| **● 子どもの実態 ●** | **● ねらい ●** |
| --- | --- |
| ・紙を割くことや細かくちぎることに興味をもち、新聞や広告をちぎっている。<br>・好奇心が旺盛で、身近な環境に自ら関わろうとする。新しい素材や玩具に興味をもち、触る子どもや使う子どもが多い。 | ・お花紙という新しい素材に出会い、紙のやわらかさや色の美しさに気づく。<br>・ものがくっつく基本的な仕組みを体験する。<br>・複数の紙を組み合わせることで、形が様々に変化することや紙が重なる部分の色の変化に気付く。 |

| 時間 | 環境構成 | 予想される子どもの活動 | 保育者（実習生）の援助・配慮点 |
| --- | --- | --- | --- |
| | | | 朝、窓に保育者がお花紙を貼っておく。あるいは、子どもが登園したら、保育者がお花紙に水をつけて貼っていく。 |

63

**3．造形遊びの部分実習指導案**

| 時間 | 環境構成 | 予想される子どもの活動 | 保育者（実習生）の援助・配慮点 |
|---|---|---|---|
| 5分 | <br>窓……<br>材料…<br><br><準備するもの><br>・お花紙6色各8枚<br>・水を入れた紙ボウル8つ<br>・片付け用の袋1枚もしくは箱1つ | 【導入】<br>◎窓に貼ったお花紙を見る。<br>・「きれいだね」「何かな」など、言葉にする子どもがいる。<br>・紙を触る子どもや窓を触る子どもなどがいる。<br><br>○椅子に座る。<br>・やる気が出て、自分の椅子を取りに行く。<br><br>・好きな場所に座る。 | 【導入】<br>◎窓に貼ったお花紙を見る。<br>・「先生ね、今日、窓に飾りをしてみたの」とお花紙を指さして、子どもと一緒に見る。<br>「みんなも、飾りますか？」と促す。<br><br>○椅子に座る。<br>・「では、自分の椅子を持って来て、座りましょう」と、窓の前に座るよう伝える。<br>・椅子を運ぶ際、ぶつからないように声をかける。 |
| 15分 | | 【展開】<br>◎お花紙を選ぶ。<br>・「お花紙？」という子どもがいる。<br><br>・触ろうとする子どもがいる。<br>・考えながら3枚選ぶ子どもや同じ色を取る子どもがいる。<br><br><br><br><br>◎紙をちぎる。<br><br><br><br><br><br><br>・「びりびりびり」などと音を真似ながらちぎる子どももいる。<br>・ちぎらない子どももいる。<br><br><br>◎紙を貼る。 | 【展開】<br>◎お花紙を選ぶ。<br>・「お絵描きの紙や折り紙とは違う『お花紙』というのよ」と言いながら、お花紙を見せる。<br>・「●色〇色、――がありますよ」と一枚ずつ見せていく。<br>・「この紙から、3枚ずつ使います。3枚選んでね」と言って一人ずつ渡していく。<br>・「1、2、3、」と紙を取るときに一緒に数える。<br>・「こっちの色もあるよ」と示す。<br>◎紙をちぎる。<br>・「どんな音がするかな？」と言いながら、紙をちぎるところを見せる。<br>・「びりびりびり」や「びりっ」など、音をつけながらモデルを示す。<br>・「自分のお花紙をちぎってみましょう」と言い、子どもにちぎるよう促す。<br>・お花紙をちぎることができているか、一人一人確認し、関心のなさそうな子どもには、目の前でゆっくりちぎって見せる。<br>◎紙を貼る。<br>・「ちぎったお花紙に水をつけて、貼り付けてみるね」と言いながら、紙に水をつける。 |

64

（3）2歳児クラス／お花紙をちぎって貼ろう

| 時間 | 環境構成 | 予想される子どもの活動 | 保育者（実習生）の援助・配慮点 |
|---|---|---|---|
| 10分 | | ・紙が貼り付くことに驚く。<br>・窓に貼り付いた紙が増える様子を見る。<br>・色々な貼り方を知り、やってみたいと思う。<br><br>○水の入ったボウルを受け取る。<br>・貼ることに戸惑う子どもがいる。<br><br><br><br>・貼り付けたお花紙の中には端まで水がついていないものもある。<br><br>【発展】<br>○片付け<br><br><br>・余ったお花紙の残りを持っていく。<br><br>◎作品を鑑賞する。<br><br><br><br>・再び自分の椅子へ座る。<br>・自分のお花紙を指されると「○ちゃんの」や「▲の」などと言って指をさす。<br>・色や形の見え方が色々とあることを知る。<br>・自分がつくったものを認めてもらえることにうれしさを感じる。<br>・太陽の沈み具合によって見え方が変わることを自然と感じる。 | ・「くっつくかな？」と言いながら窓に貼り付ける。<br>・「ぺたっ」と言いながら、数枚貼り付ける。<br>・「こんな風に重ねて貼ることや、こんな風に縦にも貼れるね」と話しながら、様々な貼り方を示す。<br>○水の入ったボウルを配る。<br>・一人ずつボウルを配る。<br>・貼らない子どもには「どれを貼ってみたい？」と言って、ちぎったお花紙を選んでもらい、一緒に貼る。自分で貼れるようになったら他の子どもの様子を見る。<br>・水がついていないところは、お花紙の上から指で水をつけ足せば貼りつくことを示す。<br><br>【発展】<br>○片付け<br>・「では、お片付けをしましょうね」と言い、保育者がボウルを集める。<br>・「窓に貼りつけていないお花紙はここに持ってきてください」と言って、袋（箱）に集める。<br>◎作品を鑑賞する。<br>・子どもたちの椅子を、窓のそばから窓を見渡すことのできる場所へ少し移動させる。<br>・「片付けた人から、自分の椅子に座りましょう」と呼びかける。<br>・窓のそばへ行き、「これは○さんのお花紙かな」「こっちは▲さんがつくったね」と言う。<br>・それぞれの作品について、配色や形などのよさも言葉にして伝える。<br><br><br>・窓についたお花紙は、子どもが降園してから実習生が外す。子どもには帰りまで展示しておくことを伝える。 |

3. 造形遊びの部分実習指導案

## 3．造形遊びの部分実習指導案

お花紙6色と水を入れる紙ボウル

様々な形にちぎったところ

お花紙を水で窓に貼り付けたところ
※掃き出し窓のような、子どもが無理せずとも手が届く窓を使用します

一枚のところと重なったところは、異なる色に見えます

### 【実施するときのポイント】

　この活動は「お花紙」という素材との出会いがポイントです。お花紙は画用紙と異なり、薄くて光が少し透ける素材です。子どもは素材を扱う中で様々な感覚を味わいますので、存分に触れさせてください。その際に、保育者が窓に貼った紙を指さしながら「光が透けて綺麗だね」や「大きな形になったね」など、ねらいに気付く声掛けをすることや、「ビリビリ」や「ぺたっ」など、感覚と行為を結ぶ言葉を発することで、子どもの感性がより一層豊かに育まれます。

　実際に活動する際には、水を入れたボウルは人数分用意し、使用する窓も一人ずつ定めて、自分で何かをしようとする子どもの気持ちを尊重するようにしましょう。最後に窓を見渡しながら鑑賞することで、個の活動でありながら、他の子どもの作品を味わうことができる活動にもなります。なお、鑑賞の場面では、椅子を片付けて窓のそばで子どもが自由にそれぞれの作品を見る、という活動もできます。

　最後に、実際に子どもを目の前にすると想定外のことが起きるものです。必ず事前に試作し、安全性や材料、動線、子どもがつまずく箇所の想定と支援の方法などを最大限確認しましょう。

（4）４歳児クラス／大きなおいもをみんなで描こう

## 造形遊び（4）４歳児クラス　10月　部分実習指導案
### —大きなおいもをみんなで描こう—

【この指導案の特徴】

　子どもは生活の中で様々な出来事と出会い、心を動かされます。そして、そのような感動体験を保育者や友達といった他者と共有できると、さらに感動が深まります。この指導案は、感動を共有する方法として複数人で絵を描くことを通して、表現することの喜びを十分に味わうことができるように考えました。表現する意欲を喚起し、子どもたちの感動に共感をもって表現を受け止めましょう。

　具体的には、行事（芋掘り）の数日後に、模造紙をつなげた紙に大きな芋の絵を描く活動（経験画）を行います。芋を掘った際に全身で感じたことを大きく手を動かしながら表現します。はじめに子どもたちが実際に掘った芋を見ることや、『おおきな　おおきな　おいも』（市村久子原案、赤羽末吉作・絵、福音館書店）の絵本の読み聞かせを聞くことなどを通して、自分たちも描いてみようという気持ちが高まるような導入になっています。

3. 造形遊びの
部分実習指導案

---

### 部分実習指導案

実施日：（ 10 ）月（ 28 ）日（ 木 ）曜日

対象児：（ 4 ）歳児（ 12 ）名（ 男 6 名／女 6 名 ）

テーマ：　大きなおいもをみんなで描こう

◉ 主な活動内容 ◉
・模造紙をつないだ紙に大きな芋の絵を描く。

| ◉ 子どもの実態 ◉ | ◉ ねらい ◉ |
|---|---|
| ・グループで誘い合い、リレーや鬼ごっこを行うなど元気に遊んでいる。<br>・行事（芋掘り）に参加し、体いっぱいに使って芋を掘ることや、友だち同士で「重いね」と言い合う姿・見せ合う姿などがあり、収穫を喜んでいた。 | ・手先ではなく腕を大きく動かし、全身を使った表現を行う。<br>・行事（芋掘り）で得た感動体験を絵で表現する。<br>・集団で1つの作品を制作することの達成感を味わう。 |

| 時間 | 環境構成 | 予想される子どもの活動 | 保育者（実習生）の援助・配慮点 |
|---|---|---|---|
| 10分 | | 【導入】<br>○実習生の顔が見える位置に集まる。 | 【導入】<br>○実習生の顔が見える位置に集まる。 |

**3．造形遊びの部分実習指導案**

| 時間 | 環境構成 | 予想される子どもの活動 | 保育者（実習生）の援助・配慮点 |
|---|---|---|---|
| | ブルーシート＋模造紙…<br>絵の具…<br>雑巾……<br>説明用の模造紙と絵の具<br>刷毛、筆…<br><br>＜準備するもの＞<br>・芋1〜3本<br>・絵本『おおきな おおきな おいも』1冊<br>・説明用の模造紙1枚<br>・説明用の絵の具、刷毛、筆1セット<br>・ブルーシート＋模造紙（3枚をつないだもの）2セット<br>・水性絵の具（紫）を入れたバット6セット<br>・刷毛12本<br>・水性絵の具（茶、緑、紫）を入れたカップ各色6個ずつ<br>・筆36本<br>・濡らした雑巾12枚<br>・水を張ったバケツ2個 | ・まわりの友達と話しを続ける子どもがいる。<br>○芋掘り遠足を思い出す。<br>・「楽しかった」「重かった」「美味しかった」などと話す子どもがいる。<br>・「お芋！」などと答える。<br><br>・「重い」や「凸凹している」、「ひげが生えてる」、「土のにおいがする」など答える。<br><br>○活動内容を伝える。<br>・わくわくする。<br><br>○『おおきな おおきな おいも』を聞く。<br>・絵本に注目する。<br><br>・静かに聞く。<br><br>・「描いてみる」「できるかなぁ」など反応する。<br>・どちらの紙に描くのか理解する。<br><br>・みんなで描くという意識をもつ。<br>【展開】<br>◎道具の使い方を聞く、見る。 | ・「今からお話ししますよ」と静かに聞くよう伝える。<br>○芋掘り遠足を思い出す。<br>・「先週、芋掘り遠足に行ったね」などと呼びかける。<br><br>・「これは何でしょうか？」と問いながら、芋を出す。<br>・「これは、芋掘り遠足で掘った芋です」と言いながら、子どもに渡し、回してもらう。<br>・芋を回しながら、「重い？」「触り心地はどう？」「匂いは？」「芋掘り遠足はみんな楽しかったですか？」などと問い、芋を手と目と鼻で感じるとともに、掘ったときのことを思い出す。<br>・芋を回収する。<br>○活動内容を伝える。<br>・「芋掘りのことを思い出しながら、前に置いてある紙に、絵の具で大きなお芋を描きましょう」と話す。<br>○『おおきな おおきな おいも』を読む。<br>・「みんなは、こんなに大きな紙に絵を描いたことはないよね。どのように描いたらよいかイメージするために、この絵本を読んでみます」と話す。<br>・途中（おおきなおいもが描き終わるところ）まで、読み聞かせを行う。<br>・「絵本の子どもたちは、紙を囲って大きな芋を描いていましたね。みなさんも描いてみたいかな？」と呼びかける。<br>・「前の列の6名と後の列の6名の2つのグループに分かれて、それぞれの紙のまわりで描きましょう」と話す。<br>・「協力して大きな絵を描きましょう」と話す。<br>【展開】<br>◎道具の使い方を説明する。<br>・説明用の模造紙を使って実演する。 |
| 30分 | | | |

（4）4歳児クラス／大きなおいもをみんなで描こう

| 時間 | 環境構成 | 予想される子どもの活動 | 保育者（実習生）の援助・配慮点 |
|---|---|---|---|
| | | ・刷毛と筆の使い方を理解する。 | ・「これから描く大きな芋の絵は、刷毛と筆を使って描きます」と言って、絵の具を付けない状態で、刷毛と筆の持ち方と塗り方を示す。 |
| | | ・「でこぼこしていた！」「穴が空いていた！」などと答える。 | ・芋（現物）を再び見せながら、「みんなが掘った芋はどんな形だったかな？」と聞き、「そうだね、でこぼこしていたね」などと子どもの答えを繰り返す。<br>・芋は紫の絵の具と刷毛で描くことを伝えて、絵の具を付けた刷毛を模造紙にあてて実演する。 |
| | | ・「土！」と答える。 | ・「芋ほりのとき、芋はどこに埋まっていましたか？」と質問する。<br>・土を茶の絵の具で塗ることを説明し、絵の具をつけた筆を模造紙にあてて実演する。 |
| | | ・「みみず！」「石！」「葉っぱ！」「根っこ！」などと答えが返ってくる。 | ・「芋のまわりには他に何があったか覚えていますか？」と問いかける。答えが返ってこない場合は芋（現物）を出して「芋に何かついていませんか？」などと質問を具体的にする。<br>・紫や緑の絵の具で芋のまわりに描き足すことを説明する。絵の具を付けた筆を模造紙に当てて実演する。 |
| | | ○グループごとに紙のまわりに移動する。<br>・どこに行けばよいかわからない子どもがいる。 | ○グループごとに紙のまわりに移動する。<br>・動かない子どもには、「○○さんの右横に移動しましょう」など、具体的に移動先を伝える。 |
| | | ○刷毛で芋を描く。 | ○刷毛で芋を描く。<br>・刷毛＋バットを配る。 |
| | | ・恐る恐る描き始める。<br>・次第に大胆に描くようになる。<br>・もう一つのグループのことを気にする子どもがいる。 | ・「では、大きな芋を刷毛で描いてみましょう」と話して、描くように促す。<br>・「芋は描けたかな」と問いかけ、子どもが納得できるところまで描けたか確認する。 |
| | | ○筆で土を描く。<br>・道具を交換しに行く。なかなか交換しない子どももいる。 | ○筆で土を描く。<br>・おおむね芋が描けたら、刷毛＋バットを、筆＋カップと交換するように伝える。なかなか交換しない子どもには、個別に声掛けを行う。 |
| | | ・筆で丁寧に描く。 | ・「芋が土の中から出てきたことを思い出してみましょう。今描いた芋のまわりを何色で塗ろうかな？」と話し、土を描くように促す。 |

3. 造形遊びの部分実習指導案

### 3．造形遊びの部分実習指導案

| 時間 | 環境構成 | 予想される子どもの活動 | 保育者（実習生）の援助・配慮点 |
|---|---|---|---|
| | | | ・「土は描けたかな」と問いかけ、子どもが納得できるところまで描けたか確認する。 |
| | | ○筆で芋のまわりにあるものを描く。 | ○筆で芋のまわりにあるものを描く。 |
| | | ・紫や緑の絵の具を使って描く。 | ・ある程度土が描けたら、「芋のまわりにあったものを思い出して描きましょう」と話し、石やみみず、根、葉などを描くように促す。 |
| | | ・筆が進まない子どももいる。 | ・筆が進まない子どもには、芋をもう一度見せて、どのような様子だったか思い出すきっかけを与える。 |
| | | ・絵の具が混ざることなど、細かいところが気になる子どもがいる。 | ・絵の具が混ざっても、乾いたら上から塗り重ねることができることを伝える。 |
| 10分 | | 【発展】<br>○片付け<br>・片付けの準備を始める。 | 【発展】<br>○片付け<br>・「絵の具を乾かすので、私が絵を移動させます。その間に、皆さんは足を拭き、道具を片付けて手を洗いましょう」と呼びかけ、保育者が絵を子どもたちから少し離れたところへ移動させる。 |
| | | ・足を雑巾で拭く。 | ・足に付いた絵の具を濡れ雑巾で拭くように伝える。 |
| | | ・絵の具カップを運ぶ。 | ・絵の具カップを一か所に集めるよう呼びかける。 |
| | | ・水道で手を洗う。 | ・水道で手を洗うように伝える。 |
| | | | ・刷毛と筆、バット、絵の具カップはバケツにためた水につけておき、活動後に保育者が洗う。 |
| | | ○作品の鑑賞。<br>・「大きいね」「ここは僕が描いたよ」など、満足して話す。達成感を味わう。 | ○作品の鑑賞。<br>・「描いてみてどうだったかな？」と問いかけ、子どもたちの感想を聞く。その上で、手先だけでなく腕を大きく動かして描いたことや芋ほりを思い出しながら描いたこと、道具の使い方、協力して描けたことなど、よいところを見つけて伝える。 |
| | | ・廊下を歩くたびに活動や芋ほりのことを思い出す。 | ・乾いたら廊下などに飾る。 |

（4）4歳児クラス／大きなおいもをみんなで描こう

<模造紙周辺の道具の配置>

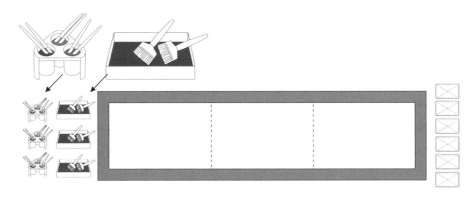

模造紙（3枚をつないだもの）を乗せたブルーシートのまわりには、「水性絵の具（紫）を入れたバットに刷毛を2本ずつ入れたもの」、「水性絵の具（茶、緑、紫）を入れた3連カップに筆を2本ずつ入れたもの」、濡らした雑巾を配置する。上記の図で1セット、これを2セット準備する。

<絵の進行手順>

【事前準備】模造紙の裏面をテープでつなぐ

①大きな芋を刷毛で描く

②芋のまわりの土を筆で描く

③芋の周囲にあった葉や根、みみず、石などを筆で描き、完成

## 3. 造形遊びの部分実習指導案

## 【実施するときのポイント】

　複数人で1つの作品を制作する集団の活動です。一人ではつくることのできない大きな画面に取り組むことで、集団の活動ならではの達成感や躍動感を生むことができます。一方で、他者によって作品が変化することに対して、子どもが不満を抱く可能性もあります。協力してやり遂げるという意識が育まれるような働きかけをして下さい。

　全身を動かしながら描く為、汚れる可能性が高いです。汚れてもよい服を用意するとともに、模造紙の下にはブルーシートを敷いて床を養生し、足についた絵の具を落とすために濡らした雑巾も用意します。

## 3．造形遊びの部分実習指導案

　大きな絵を描くことは、それだけで大変な労力を必要とします。子どもが目の前の作業に手がいっぱいにならぬよう、芋掘りの体験を思い出しながら、楽しい活動となるようにしましょう。具体的には、はみ出た・塗り方を間違えたといった、細かいことを注意しないことが楽しい雰囲気づくりには大切です。事前に試作をして、子どもの行動を想定した準備をしておくことで、子どもが安心して絵を描くことのできる環境を作りましょう。さらに、道具や素材の準備はもちろん、それらの配置や片付けまで入念に確認しましょう。

（5）4歳児クラス／オバケの世界

# 造形遊び（5）4歳児クラス　10月　部分実習指導案
## ―オバケの世界―

【この指導案の特徴】

　小グループなど、集団の製作活動です。折り紙製作を中心に、友達と一緒にイメージを共有して遊びます。オバケに代えて、季節の折り紙や家、乗り物、製作物などでも表現できます。異年齢集団でも実施できます。この場合、月齢、活動に用いる作品、紙の大きさなどに応じて、子どもたちがイメージできる手立てを行います。たとえば、事前に木、道、線路と乗り物などを描いたり、貼っておくなどです。

　子どもたちの表す世界を聞き取った記録を、掲示の際の題材名やグループ名札に記載すると、ほかの保育者や保護者など見る人々に子どもたちの活動の過程が伝わります。認め合う瞬間と大切さを体験する機会となるでしょう。子どもたちの製作活動が仲間との遊びにつながる過程や、仲間の表現を見ることを楽しむ姿を実感してください。

3.　造形遊びの部分実習指導案

## 部分実習指導案

実施日：（　10　）月（　20　）日（　火　）曜日

対象児：（　4　）歳児（　24　）名（　男　12　名／女　12　名　）

テーマ：　オバケの世界

> ● 主な活動内容 ●
> ・大きな紙に、子どもたちが折った折り紙で、遊びながらイメージした世界を共同で表現して楽しむ。

> ● 子どもの実態 ●
> ・自由遊びの時間に、人形や乗り物でイメージをふくらませ、それを仲間に伝え合いながら、遊ぶ姿が見られる。
> ・行事（ハロウィン）を楽しみにしている。

> ● ねらい ●
> ・自分で表した作品を用いて仲間と遊びながら、イメージした世界を共に表現して楽しむ。

| 時間 | 環境構成 | 予想される子どもの活動 | 保育者（実習生）の援助・配慮点 |
|---|---|---|---|
| 5分 | | 【導入】<br>・保育者の話を聞く。<br>・手遊びをする。<br>・活動に興味をもつ | 【導入】<br><br>・手遊び『ぐーちょきぱー』を行い、さいごにオバケという言葉で締めくくる。「右手はパーで、左手もパーで、オバケ、オバケ」 |

73

## 3．造形遊びの部分実習指導案

| 時間 | 環境構成 | 予想される子どもの活動 | 保育者（実習生）の援助・配慮点 |
|---|---|---|---|
| 20分 | ○○○○○　　　（担）<br>つなげた画用紙<br>○○○○○<br>つなげた画用紙<br>○○○○○<br>つなげた画用紙<br>○○○○○<br>つなげた画用紙<br>（実）<br><br>子どもが準備するもの：<br>・クレヨン、マジック<br>・のり<br><br>保育者が準備するもの：<br>・折り紙（1人1枚と予備）<br>・つなげた画用紙（1人八つ切り画用紙）<br><br>準備するもの：<br>・B4コピー用紙（1枚分を裏からセロハンテープなどでつなげておく。縦につなげるか、横につなげるかは、展示場所によって決める）<br>・濡らして絞った手拭き布（グループに1セット置く）<br>・保育者の作例 | 【展開】<br>◎保育者の話を聞き、オバケと、オバケのいる所を表す。<br><br>○オバケを折って表す。<br><br>・折り紙を楽しむ。<br>・折り方にとまどう子どももいる。<br><br><br>◎オバケを用いて、仲間と語り合いながらイメージし、画用紙にクレヨンやマジックを使って表現する。<br><br>・オバケを貼り、まわりの世界を仲間と共に話し合いながらイメージを広げて表現することを楽しむ。<br><br><br>・自分の前の紙に、仲間が表現することを嫌がる子どももいる。<br>・仲間の紙に表現することをためらう子どももいる。<br>・次第に仲間と共に表す活動に慣れ、共に表すことを楽しむ子どももいる。<br>・保育者に、表現した世界を話す子どももいる。 | 【展開】<br>◎グループの仲間と共に、オバケからイメージしたことを表すことを伝える。<br>○保育者の作例を示す。まずオバケを折ることを知らせる。<br>・裏が白い大きな正方形の紙（コピー用紙、包装紙など）で1折りずつ折り方を示す。<br>・とまどう子どもと共に折ったり、声をかけるなどして援助する。<br><br>◎オバケをグループの紙に貼り、まわりの様子をイメージして表すことを伝える。<br><br><br>・折り紙の裏にのりを付けるように伝える。「オバケの後ろにのりを薄く全体に付けて、グループの紙の好きな場所に貼りましょう」「オバケの世界には何があると思いますか？」などと言う。<br><br>・自分1人の表現の世界を好み、他者が自分の表現に描き加えることを嫌がる子どもには、声かけや約束など手立てを講じる。「お友達の描いたものの上に描きません」「お友達のオバケの近くに描くときは、描いてもいいですかって聞きましょう」「お友達に自分のところに描いてほしくないときは、描かないでって言いましょう」などを伝える。<br>・巡回し、子どもたちの表現を聞き取る。 |
| 10分 | | 【まとめ】<br>・完成を喜び、仲間の作品も見て楽しみ、認め合う。<br>・後片付けをする | 【まとめ】<br>・グループの作品を皆で見る。<br>・楽しく活動したことを褒める。<br>・道具の片付けについて声をかける。 |

(5) 4歳児クラス／オバケの世界

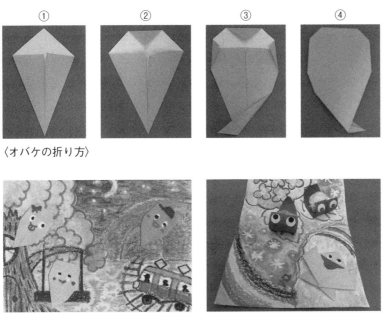

〈オバケの折り方〉

〈グループでの完成作例〉　〈異年齢共同製作例〉

模造紙（そのまま、または切った紙）に製作すると、つぎめのない作品になる。

## 【実施するときのポイント】

　必ず事前に試作し、材料や用具は適切か、子どもはどこでつまずくか、何を援助するか、とまどう子どもをどう支援するかを想定します。準備材料に危険はないか、また、記名の場所や方法、完成作品をどこに収納するか、事前に園と確認します。折り紙の色を子どもが選べると、掲示したときに華やかな印象になります。

　準備できる紙の大きさや枚数、掲示場所の広さによって、全紙や模造紙を用いたり、1グループあたりの子どもの人数を決めます。子どもの製作場所は、紙を囲んで座るなどの想定もできます。子どもが自由に動くよう設定するときは、過密であるとぶつかり、怪我やけんかが発生したり、紙を踏んで転倒しやすいので、1つの机に座るなど配慮し、事故を防ぎます。導入時は、ほかの絵本や手遊びに代えるなど工夫できます。

　保育者は子ども個々を支援しながら、常に全体を把握しましょう。

3．造形遊びの部分実習指導案

# 造形遊び（6）5歳児クラス　10月　部分実習指導案
## —うずまきであそぼう—

【この指導案の特徴】

　個人製作で、つくって遊ぶことがテーマです。子どもたちがつくって遊ぶことを通じて、ものの仕組みに興味をもち、科学に触れる経験ができることを意図しています。また、紙を丸く切ったり、糸を扱ったり、セロハンテープを使用したりなど、素材を工夫したり、道具を扱ったりして、試行錯誤して取り組めるよう製作のプロセスを大切にしています。

## 部分実習指導案

実施日：（ 10 ）月（ 25 ）日（ 火 ）曜日
対象児：（ 5 ）歳児（ 24 ）名（ 男 12 名／女 12 名 ）
テーマ：　うずまきであそぼう

● 主な活動内容 ●
・渦巻のしかけが、風をつくり出して動くことに気付き、つくって遊ぶ。

| ● 子どもの実態 ● | ● ねらい ● |
|---|---|
| ・外遊びの時間に汗ばんだ折、風に当たった涼しさを喜ぶことで風を感じ取る姿が見られた。<br>・園庭の木の葉が風で揺れる様子や音を見付け、楽しむ姿が見られた。 | ・風で動くものに興味をもつ。<br>・風を捉えて動くものに興味をもつ。 |

| 時間 | 環境構成 | 予想される子どもの活動 | 保育者（実習生）の援助・配慮点 |
|---|---|---|---|
| 5分 | ・子どもは椅子に座り、机上で製作する。<br><br>（作品で遊ぶ場所／机配置図） | 【導入】<br>◎保育者とともに歌い、話を聞く。<br>・活動に興味をもつ | 【導入】<br>・外を見ながら、「昨日、風がすごく吹いたね」と話す。<br>◎歌『かぜよふけふけ』を歌い、風を感じ取る製作をすることを知らせる。<br>・弾き歌い、CD などで行う。 |

76

（6）5歳児クラス／うずまきであそぼう

| 時間 | 環境構成 | 予想される子どもの活動 | 保育者（実習生）の援助・配慮点 |
|---|---|---|---|
| 30分 | 子どもが準備するもの：<br>・はさみ<br>・のり<br>・クレヨンの入ったお道具箱のふた<br><br>保育者が準備するもの：<br>・渦巻（切り線がかかれた色画用紙）<br>・毛糸付き棒<br>・A4（B5）コピー用紙1/4<br>・手拭き布（濡らして絞る。机に1セット）<br>・作品を集めて入れる箱<br>・保育者の作例<br>・セロハンテープカッター | 【展開】<br>◎保育者の作品を見て、渦巻のしかけに興味をもつ。「動いた」「なぜ？」「すごい」などと言い合う。<br>○渦巻の紙をもらい、はさみで切っていく。<br>・うまく切れない子もいる。子ども同士で教え合いながら切っている。<br><br><br><br><br><br><br>・渦巻に貼るものが、渦巻の幅より大きくて、のりをどこに付けるかとまどう子どももいる。<br>・渦巻や飾りがちぎれる子どももいる。<br><br><br>○セロハンテープを自分で止めることに意欲と自信をもつ。<br>・毛糸に興味をもつ。<br>・セロハンテープをうまくちぎれない子どももいる。<br>・セロハンテープをどう持ち、どこにどう貼るかとまどう子どももいる。<br><br><br>・友達を手伝う子がいる。<br><br>○自分で表した形が回ることを喜ぶ | 【展開】<br>◎渦巻の提示。<br>○保育者のつくった作品を出し、動かしてみる。<br>・「ほら、動くよ」「なぜかな？」「みんなもつくりたいかな？」と聞く。<br>・渦巻の部分を説明する。<br>・「はさみで丸く切ろうね」「線はゆっくり丁寧に切りましょう」と伝える。<br>○飾りの説明。<br>・飾りを渦巻に付けることを伝える。<br>・「はみださないように、大きさを工夫しましょう」と言う。<br>○紙を配る。<br>・はさみは、使い終わったら必ず閉じるよう伝える。<br>・のりは、渦巻の上に付けるよう知らせる。白紙にのりを付けて、渦巻が付くと回らないことを伝える。<br><br><br><br>・紙がちぎれた子どもには、セロハンテープで止めて補修するよう援助する。<br>・子どもがのりのついた手指をぬぐう布を置いておく。<br>○棒と渦巻をつなげることを伝える。<br><br><br>・毛糸を絶対に指や腕などに巻き付けないことを固く約束する。<br><br><br><br>・渦巻ができた子どもは、前の机にきて、セロハンテープで毛糸とつなげるよう声をかける。テープは横に引いてちぎること、ちぎったテープを両手で持って、玉結びの上に貼ることを伝える。<br>・全員の完成まで、友達を手伝ったり、自分の席で静かに待つよう伝える。<br>○子ども全員の完成後、保育室後方などのスペースで遊ぶよう声をかける。<br>・友達とぶつかったり、棒が当たらないよう呼びかける。「走らないように」「お友達に当たらないようにしましょう」 |

3. 造形遊びの部分実習指導案

## 3．造形遊びの部分実習指導案

| 時間 | 環境構成 | 予想される子どもの活動 | 保育者（実習生）の援助・配慮点 |
|---|---|---|---|
| 5分 | | ・何度か作品が回った後、糸が絡んで困る子どもがいる。<br>【まとめ】<br>◎完成を喜び、友達と作品を見せ合って楽しむ。<br>・後片付けをする。<br>・作品を保育者に預ける。 | ・糸が絡まったら、少し時間を置くと元に戻っていくことを伝える。<br>【まとめ】<br>◎子どもたちの活動の姿勢や作品のよさを認め伝える。<br>・紙の残り、道具の片付けについて声をかける。<br>・作品を保育者まで持ってくるよう伝え、記名する。 |

 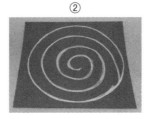 

〈渦巻部分の下準備〉
①八つ切り画用紙を、6分の1に切る。
②6分の1に切った紙に、色鉛筆で切り線をかいておく。

〈飾りをかく紙の下準備〉
A4（B5）を4分の1に切る。

 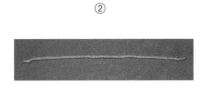 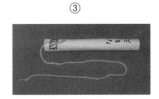

〈棒の下準備〉※子どもが自分でつくってもよい
① A4（B5）コピー紙を縦に置いて巻き、セロハンテープで止める。
②毛糸両端を玉結びする（糸が抜けにくいようにセロハンテープが止められるため）。
③コピー紙を巻いてつくった棒に、両端を玉結びした毛糸をセロハンテープで貼る。

〈子ども1人分の材料〉
うずまき、飾り用紙、棒

〈完成作例〉
金銀色の折り紙があると、華やかな印象になる。

## 【実施するときのポイント】

　必ず事前に試作し、材料や用具は適切か、子どもはどこでつまずくか、何を援助するか、とまどう子どもをどう支援するかを想定します。準備材料に危険はないか、また、記名の場所や方法、完成作品をどこに収納するか、事前に園と確認します。濃い色の色画用紙ならば、子どもたちの描いたものが目立ちます。

　導入時の歌は、ほかの手遊びや絵本などに代えるなど工夫できます。

　テントウムシ、スズメなどの子どもたちが親しみやすい生き物や、七夕や干支、雛などの行事ものをつくって貼るなどバリエーションがあります。糸を何かに付けるとき、玉結びの上部にセロハンテープを貼るというような、壊れにくい玩具づくりの必要性と手立てがあるということに子どもが気付くよう声かけしましょう。

　安全指導・配慮として、セロハンテープの刃は触れると皮膚を傷付けること、はさみの刃を触ると深く傷付くこと、糸は「壊死」を招く危険があること、棒で夢中になって遊んでいるときに友達に当たることがあるため、遊び方にも注意喚起と配慮が要されるということを心得てください。

　保育者は子ども個々を支援しながら、常に全体を把握します。

### Memo

## 3．造形遊びの部分実習指導案

# 造形遊び（7）5歳児クラス　9月　部分実習指導案
## —コースターをつくろう〈編む〉—

### 【この指導案の特徴】

「編む」「組む」「通す」は、造形における技法であるのと同時に日常行為とも連動しています。たとえば、「三つ編み」など髪の毛を編むことや、紐あるいはボタンを穴に通すなどの日常的行為です。また、毛糸やレースの製品、もしくは衣類としての布（生地）、竹細工による家具から小物類、木製の舟（筏）にも「編む」技法が用いられています。

これらを造形遊びを通じて体得していくことで、日常の中に存在する「編む」「組む」「通す」への気付きへと結び付くことをねらいとしています。また、色の組み合わせなどの工夫を通して、色遊びの楽しさが体験できます。

幼児の発達的な見地からは、紙編みの行為が手先（指）の発達を促すことにつながる造形行為であり、また、作品は実用化できるため、「つくって使う」「つくって遊ぶ」楽しみを経験できます。

---

### 部分実習指導案

実施日：（ 9 ）月（ 6 ）日（ 木 ）曜日
対象児：（ 5 ）歳児（ 24 ）名（ 男 13 名／女 11 名 ）
テーマ：コースターをつくろう〈編む〉

| ● 主な活動内容 ● |  |
|---|---|
| ・紙でコースターを編む。 | |

| ● 子どもの実態 ● | ● 部分実習のねらい ● |
|---|---|
| ・敬老の日を前に、祖父母や地域の人に手紙を書いている。<br>・人に喜ばれることを楽しみにプレゼントをつくろうとしている。 | ・日常生活の中にある技法「編む」「組む」「織る」を体験する。<br>・市松模様で色の組み合わせを楽しむ。<br>・つくったものを日常的に使う。 |

| 時間 | 環境構成 | 予想される子どもの活動 | 保育者（実習生）の援助・配慮点 |
|---|---|---|---|
| 10分 |  | ・朝の会の終了後、次の活動へ移る。 | ・1グループ4名ごとに、6グループのテーブル配置を行う。 |

（7）5歳児クラス／コースターをつくろう〈編む〉

| 時間 | 環境構成 | 予想される子どもの活動 | 保育者（実習生）の援助・配慮点 |
|---|---|---|---|
| | 切り紙を行う場所 ⦿実<br><br>（座席図）<br><br>㊟<br><br>準備するもの：<br>・コースター（縦軸の切り込み入り画用紙（各色）、細長い短冊画用紙（各色）、のり）<br>・切り紙（切り紙の型（各種各色）、マジックペン（各色）、はさみ）<br>・説明用の大きな見本 | 【導入】<br>・準備中の保育者に話しかける子や、すぐに座らない子、おしゃべりをやめない子どもがいる。<br><br><br>・「編む」「組む」「織る」の言葉の意味の理解が難しい子もいる。<br>・コースターを知らない子どももいる。<br><br>・実物の布製コースターやランチョンマット、編み物製品などに触れる。 | 【導入】<br>○子どもたちに着席するように言う。<br>○手遊び歌を歌い、落ち着いて製作できるように集中力を高める。<br><br>◎「編む」「組む」の説明をする。<br><br>・編んでつくったコースターやランチョンマットなどの作品を見せる。使い方も説明する。<br>・生活の中で「編む」「組む」の技法でできているものを見せて（写真や実物）、興味・関心を促す<br>・特に衣類のもとになっていることを強調する。<br>・実際に触ってみるよう、机の上に置く。 |
| 30分 | 手順：<br><br>① 縦を置き、最初（1段目）の横の短冊を1本、縦の右端もしくは左端から1本ずつ交差させて通す。<br><br>（図）<br>両端の縦の下に横を通すこと。<br><br>※1段目の横を通し終わったとき、縦の端から横が飛び出ていたときは、全体を裏返し、横の飛び出していない方の端をつまんで引き戻し、調整する。 | 【展開】<br>◎コースター製作<br>・混雑を避けるため、1グループごとに順番に、リーダーが用意するものを必要分だけ取りに行く。<br><br>・縦の用紙の好きな色を選んで、1枚取る。<br><br><br>・横の短冊紙を5本取る。<br><br><br><br><br><br>・保育者のお手本を見て真似ながら、横1段目の短冊を通していく。 | 【展開】<br>◎コースター製作<br>・各グループでリーダーを決める。<br>・「織る」技法内の言葉で、「縦」と「横」の説明をする。<br><br>・全体に用意するものが揃ったら、縦から順に各自縦と横の用紙を取るよう指示する。<br>・横の5本は、全色同じでも、複数色でも構わないことを説明する。<br>・説明用の大きな見本を使い、言葉をそえて手順を示していく。<br>・手順①：最初の横（1段目）は、縦の右端（もしくは左端）1本目の下を通すため、1本目を上にめくり、横を通したら1本目を元の位置に戻す。次に縦3本目を上にめくり、横を通し、縦5本目と7本目（反対の端）も同様に横を通すよう示す。 |

## 3．造形遊びの部分実習指導案

| 時間 | 環境構成 | 予想される子どもの活動 | 保育者（実習生）の援助・配慮点 |
|---|---|---|---|
| | ② 横2段目は、縦の端から2本の下に横を通す。<br><br>両端から2本の縦の下に横を通す。 | ・保育者のお手本を見て真似ながら、横2段目の短冊を通していく。 | ・手順②：2段目の横は、縦の右端（もしくは左端）1本目と2本目共に下を通すため、縦1と2本目同時に上にめくり、横を通す。次に縦4本目をめくり通し、最後に縦6と7本目同時にめくって通す。 |
| | ③ 横3段目と5段目は、①1段目と同様に通していく。横4段は、②2段目と同様に通す。 | | ・手順③：お手本を披露したら、机を回りながら手順のやり方の分からない子を援助する。 |
| | ④ 横5段目まで通したら、各段、各端の縦と横の短冊をのりで貼り付ける。裏側にひっくり返して、各段、各端の縦と横の短冊をのりで貼り付ける。 | ・横を通していく中で、お手本通りにはいかず、縦横が交互の目に表れていない子どもがいる。<br><br>・横を最後まで通し終えた段階で、1～5段までに大きく開きがある編み方になっている子どもがいる。 | ・市松模様の模様になっていない場合は、大きな支障がないかぎり、そのまま作業を続けさせ、不規則な市松模様として受け取る。<br><br>・横の各段の間に開きがあるので、1段目から順に上方向に詰める作業を子どもたちに促す。 |
| | ⑤ 切り紙で1つ作品をつくる。<br><br>⑥ ④で完成したコースターの最下部の端側の⑤の切り紙をのりで貼る（下図は魚の例）。 | ・紙編みの作業が遅い子どもがいる。<br>・切り紙の型を切り終えたら、各種模様をマジックで描き、④にのりで貼る。 | ・手順⑤は、④までを早くに終えた子どものみを対象に行う。よって、紙編みのできていない子は、そのまま編む作業を継続する。<br>・手順⑤でははさみを使用するため、対象の子どもを1か所（前方）にまとめ、その場所で行う。また、切り紙を丁寧に説明しながら披露する。 |
| 5分 | | 【まとめ】<br>◎できた作品を見せ合う。<br>・保育者に名前を書いてもらう。<br>・片付ける。 | 【まとめ】<br>◎作品に記名し、皆に見せて「きれいに編めたね」「色が素敵」など褒めていく。<br><br>・片付けるように伝える。 |

## 【実施するときのポイント】

〈導入〉

・「編む」「組む」「織る」という「言葉」の話（説明）ができるとよいでしょう（編み物など、実物提示が妥当）。

・私たちの日常生活で必須の衣類は布からできており、この布は「縦糸と横糸を編む（織る）技法」でつくられていることを、子どもたちに丁寧に伝えられるとよいでしょう。

・編み方「市松模様」の実演を披露します。

〈紙編みでコースターをつくる〉

① 市松模様

・縦の短冊に横の短冊を上下交差させながら通していく作業です。

・全体的に丁寧にゆっくり横の短冊を通す作業を促しましょう。

② 切り紙

・この作業は、市松模様の紙編みを早くに終えた子どもを対象とします。

・紙編みに時間のかかっている子どもは、飾りの切り紙には参加しなくてもよいとします。

・子どもたちに呼びかけの際、子どもたちが混乱しないように注意をします。

・コースター上に切り紙をのりで貼る位置は、中央は避け、四隅のいずれかを選びます。

③ ラミネートシートを貼ります

・製作後、保育者がコースターをラミネートすると、丈夫なコースターになります。

## 【準備するもの】

・〈縦の短冊〉切り込みの入った色画用紙を各色複数枚（以下の1でできるもの）

・〈横の短冊〉細長い色画用紙を各色複数枚（以下の2でできるもの）

・〈切り紙〉切り紙の型紙を各色複数枚。（以下の3でできるもの）

・のり

・はさみ

・「編む」「組む」「織る」の説明に必要な画像など

・編み物製品や生地（布の切れ端）など実物

・完成品（見本用）

・マジックペン（各色）


コースター（市松模様）を編む色画用紙を用意しましょう。

1. 縦の短冊（各色複数枚）

八つ切り色画用紙（271mm × 391mm）を使用した場合

① 1辺が105mmの正方形を6個取る線を引き、それぞれ線を切り分ける。

3．造形遊びの部分実習指導案

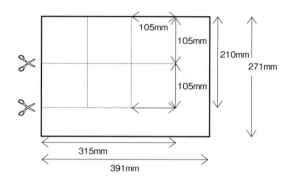

②縦の短冊になるよう切り込み線を記入し、線（15mm 幅間隔）に切り込みを入れる。これをもとに、各色画用紙を使って縦の短冊を複数枚用意する。

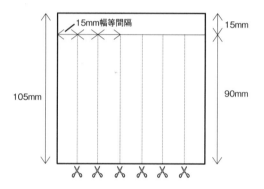

2．横の短冊（各色複数枚）

八つ切り色画用紙（271mm × 391mm）を使用した場合
　画用紙1枚につき、横の短冊（15mm × 105mm）を14本取るための線を記入し、切り分ける。※各色、複数本用意する。

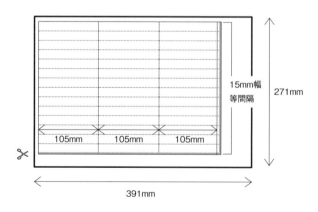

3. 切り紙（コースターの飾り）
　①市松模様を編む紙を切り落とした後の色画用紙（各色）を利用し、切り紙の型をつくるための用紙を切り分ける。

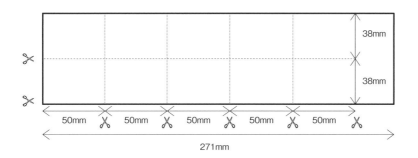

　②①の用紙を半分に山折りし、それぞれ片方の面に「いちご」「魚」「おにぎり」の型線を描く。

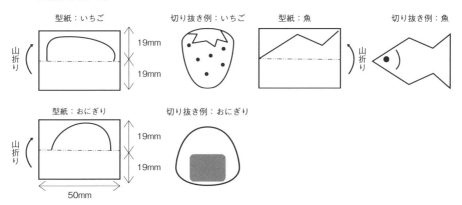

〈留意点〉3種類の切り絵の型紙から1つを各子どもが選び、それを自らはさみで切り抜き、模様など必要と思われるものを色ペンで描き補完する。

## 3．造形遊びの部分実習指導案

Memo

# 4. 身体遊び・運動遊びの部分実習指導案

　保育における身体表現は、自らの身体を素材とした身体（からだ）遊びと、様々な遊具や環境を利用する運動遊びに大別されます。発達過程を見ると、まずは日常生活の中における様々な様子を模倣することに始まり、次に友達と動きの共有を楽しむといったように進んでいきます。

　どんな遊びをすれば子どもたちがイキイキと楽しそうに取り組んでくれるのだろうか、アイデアが浮かばない、一生懸命考えた指導案だったが時間が足りなかった、子どもの反応が思った通りではなかったなど、難しいものです。

　この本に書かれた指導案は、子どもの人数や年齢が実習園とは異なり、必ずしもそのまま使えないと思っている人も多いかと思います。自分の担当する子どもの実態に合わせて、ねらいや組み合わせを変えたり内容をアレンジすることによって、自分に合った指導案を作成するヒントにしてください。

4．身体遊び・運動遊びの部分実習指導案

# 身体遊び・運動遊び（1）2歳児クラス　6月　部分実習指導案
## —トントン、ぴょんぴょん跳べるかな？—

【この指導案の特徴】

　両足跳び、片足立ち3秒、片足飛び降りなどができるようになる2歳児のこの時期、運動能力の発達をイメージ（動物の跳び方）との関わりで体験をするのが、この指導案の特徴です。つまり、運動と情緒の両面からの発達を促すことをねらいとしています。また、1歳児の「お母さんと一緒」時代から自立し、保育者の動きの真似（正確には真似ができていなくても、しているつもり）をしたり、友達と一緒に動いて楽しく弾む気持ちになれるのがもう1つの特徴です。

## 部分実習指導案

実施日：（ 6 ）月（ 14 ）日（ 水 ）曜日
対象児：（ 2 ）歳児（ 7 ）名（ 男 4 名／女 3 名 ）
テーマ：トントン、ぴょんぴょん跳べるかな？

● 主な活動内容 ●
・様々な跳び方の生き物を知り、イメージをもって跳ぶことを楽しむ。
・保育者や友達の真似をしながら、片足跳びなど多様な跳び方にチャレンジする。

| ● 子どもの実態 ● | ● ねらい ● |
|---|---|
| ・小走りに走ることはできるが、慌てて前のめりに転ぶこともある。<br>・好奇心旺盛で、様々な事象に興味を抱くが、イヤ！と気が向かない姿も見られる。 | ・様々な遊び方に興味をもち、経験しようとする。<br>・たくさんの生き物をイメージしながら、体いっぱいに表現する。 |

| 時間 | 環境構成 | 予想される子どもの活動 | 保育者（実習生）の援助・配慮点 |
|---|---|---|---|
| 3分 | 場所：保育室<br>・安全面に気を付けて、足元には危ないものを置かない。危険なものが落ちていないか事前に確認しておく。<br>準備するもの：<br>・動物のイラスト<br>・写真 | 【導入】<br>○保育者の前に座る。<br>・何が始まるか興味深々だが、落ち着きなく動きまわる子もいる。 | 【導入】<br>○「先生の所に集まろう」と声をかけ、子どもの顔色や様子を観察し、心身の状態を把握する。 |

（1）2歳児クラス／トントン、ぴょんぴょん跳べるかな？

| 時間 | 環境構成 | 予想される子どもの活動 | 保育者（実習生）の援助・配慮点 |
|---|---|---|---|
| 10分 | | ○「あ〜ウサちゃんだ！カエルもぴょん」などイラストを指さし、それぞれの反応を見せる。中には、じっと見つめているだけの子どももいる。 | ○「みんな、ぴょんぴょん跳ねたり、びゅ〜んて遠くまで跳んだりする生き物を知ってるかな？」と声かけをし、ウサギやカンガルーなどの跳ぶ生き物のイラストか写真を見せる。わくわくするように話しかけたり、見せたりする。 |
| | | 【展開】<br>◎活動内容を聞く。<br>・すぐに、うきうき体が動きだす子もいる。どんなふうに跳んでいいのかとまどって動きにならない子もいる。保育者の真似をして動きだす。 | 【展開】<br>◎「好きな生き物になって跳んでみよう」と促し、「○○（生き物）はこんなふうに跳ぶよ」と動きだしの遅い子どもを促すように、保育者自身も2〜3種類の跳び方を跳んで見せ、一緒に動く。 |
| | | ◎指名された子は得意げに「こんなふうにぴょん！て跳ぶんだよ」とやって見せる。 | ◎うまく動けている子を見つけ、「○○ちゃんはどんな生き物で跳んだの？」と問いかけて、動きを見せてもらう。喜んで見せるように、動きを褒める。<br>・子ども同士がぶつかって転んだりしていないか、常に様子を注視する。 |
| | | ◎ほかの子も「○○ちゃんも〜」と動いて自己アピールする。<br>・「カンガルーできた〜」や「一緒にウサちゃんになろう」と友達と一緒の動きを楽しむ。 | ◎「○○ちゃんカエルをみんなで真似っこしよう！」と、友達の動きも体験してみる。<br>・違う跳び方にチャレンジするために、短い時間でも多くの運動体験ができるよう、次々に違う生き物の動きを促す。 |
| 2分 | | 【まとめ】<br>◎「カエルさん楽しかった」「もっとやりたい」などの声があがる。 | 【まとめ】<br>◎何がいちばん楽しかったか聞き、「また今度やろうね」と次回への期待をもてるようにする。<br>・跳んだり、床を転がったりした後、髪や服のリボンが解けていないか、靴下が破けていないかを確認する。 |

**4. 身体遊び・運動遊びの部分実習指導案**

## 【実施するときのポイント】

### 1. 個人差への配慮

　動物のイラストを見て、「ぴょこぴょこ」など口で音を発しながら跳ぶ動きに

89

入れる子もいますが、イラストを見ただけでは動きださない子もいます。そんなときには、「先生と一緒にカンガルー跳びでアッチまで行くよ」や「○○ちゃんのバッタさん楽しそうだから真似っこしよう！」と保育者や友達と一緒に動こうと誘ってみましょう。体はあまり動かさないけれどイラストをじっと見つめたり、友達の動きを楽しそうに見て同じ雰囲気を感じているようなら、むりに動かそうとせずにそのまま安全面に気を付けながら様子を見守りましょう。

## 2. 保育者とのつながり

　友達と一緒に何かをするという年齢には達していないので、まずは保育者の真似っこをして動いてみたり、自分の好きな動きをしてみたりと個の活動から入ります。子どもが生き生きと体を動かすには、保育者自身が生き物になりきって率先して動いてみることが大切です。子どもにとって保育者が楽しそうに体を動かす姿は何よりうれしいことなのです。保育者が生き物の跳び方を大げさにやって見せると、子どもは喜んで真似をするでしょう。言葉による説明だけでは、子どもから豊かな動きは引きだせません。一緒に動きながら（時には歌ったりしながら）、リズムにのったり体を弾ませたりすることで、いっそう楽しくなることでしょう。

## 3. 準備するもの

　基本的には用具は必要としませんが、子どもたちのイメージがふくらむような生き物の絵やイラスト、写真などがあれば動きを引きだしやすくなります。おそらく実際に見たことのない生き物もあるので、「カンガルーはこんなふうに跳ぶんだよ」「カエル見たことあるかな？」と、できるだけ多くの情報を与えられるよう準備をしましょう。また、軽快にテンポよく跳ぶ手助けをするために、何か音楽（BGM）があると子どもたちの気分も自然にノリノリになります。使用する音楽は、あくまで動きを助長させる雰囲気づくりのためなので、「テンポに合わせて踊る」ことにはこだわらないようにしましょう。背後にテンポよく流れていれば気持ちもノッてくるというものです。

## 4. 導入・展開の特徴

①導入では、跳ぶ生き物に興味をもたせることが大切です。やってみたいな、と思うような動きのある躍動的な視覚的材料を生かしましょう。

②展開の跳ぶ動きの場面では、あまり整然とやろうとしないことを心がけてください。安全面の配慮は怠らず、その上で保育者自身も楽しむ気持ちで行いたいものです。

## 5. 擬音語・擬態語を使って

　「カエルさんがビョーン」「（片足で）こんなふうにシュッて立てるかな？」というように、できるだけ擬態語を入れて状態や雰囲気が分かるようにしましょう。

（1）2歳児クラス／トントン、ぴょんぴょん跳べるかな？

そして、保育者が子どもと一緒に動きながら、時には少し難しい動きにも挑戦していきたいものです。「ぴょんぴょん」「ぴょこぴょこ」「びゅ～ん」など、擬音語で元気よく声をかけたり、テンポやリズムを変えながら声をかけると、子どもたちの動きも次々に変化してきます。

## Memo

4．身体遊び・運動遊びの部分実習指導案

## 身体遊び・運動遊び（2）2歳児クラス　2月　部分実習指導案
## ―風船あそび―

【この指導案の特徴】

　2歳頃になると、はう、座る、立つ、歩くといった初歩的な運動機能が身につくようになります。それらの運動機能に、跳ぶ（跳躍）、投げる、走るといった「自分の体を思うように動かすこと（調整）」などを加えていくことで、運動スキルのさらなる成長が期待されます。意識して自分の体を動かせるというのは、子どもの「〜したい」「〜ができた」という気持ちを育てることに繋がります。

　とはいえ、2歳児は身長に対して頭部の比率が大きいため、バランスをとることが非常に困難です。それゆえ、転倒などのケガには十分注意しなければなりません。

　そこで、操作する対象としてゆっくり動き、大きな移動を伴わない「風船」を使用することで、遊びを通じてさまざまな運動スキルを身につけ、運動を楽しむ心を育むことができます。

### 部分実習指導案

実施日：（ 2 ）月（ 9 ）日（ 金 ）曜日
対象児：（ 2 ）歳児（ 20 ）名（ 男 12 名／女 8 名 ）
テーマ：　風船あそび

| ● 主な活動内容 ● ||
|---|---|
| ・風船を使って、運動遊びを楽しむ。 ||
| ● 子どもの実態 ● | ● ねらい ● |
| ・立ったり歩いたりする基本的な運動機能が身についてくる。 | ・跳んだりはねたりしながら、風船を使って運動遊びを楽しむ。 |
| ・ボール遊びなどの用具を使った遊びなどに関心をもっている。 | ・みんなと一緒に体を動かすことを楽しむ。 |
| ・それぞれに遊びを楽しみながらも、同じ場所で遊ぶ姿が見られる。 | |

（2）2歳児クラス／風船あそび

| 時間 | 環境構成 | 予想される子どもの活動 | 保育者（実習生）の援助・配慮点 |
|---|---|---|---|
| 3分 | ・事前に場の安全点検と環境を整える。<br>・活動の前に「水分補給」を行う。<br>場所：教室<br><br>※最初に出すと、風船が気になってしまうため、風船は活動が始まるまでは、机の下などにしまっておく。 | 【導入】<br>○保育者の前に広がって集まる。<br>・左図に示したラバーマットで作った枠内に集合する。<br>・枠の中に集まってくる。<br>・友達と手をつないで、枠内に集まる。<br>・枠内に集合できない子どもがいる。<br>・風船を探しに行こうとする。<br>・風船を見つけて喜んでいる。 | 水分補給<br>【導入】<br>○子ども一人一人の健康観察をする。<br>・「四角（枠の中）に集まりましょう」と伝える。<br>・動かない子どもがいる場合、保育者が一緒に手をつないで子どもの輪に加わるなど配慮する。<br>○「風船を使って遊ぼう」と活動の内容を示す。<br>○「風船はどこにあるかな？探してみよう」と声をかける。 |
| 15分 | 机 椅子 実<br>▢▢▢▢▢▢<br>▢ ○ ○ ○ ○ ▢<br>▢ ○ ○ ○ ▢<br>▢▢▢▢▢▢<br><br>※集合場所の枠については、ラバーマットを使用して、枠を作る。 | 【展開】<br>・風船を使って遊び始める子どもがいる。<br>・風船だけを見て動く子どもがいる。<br>・かごの周りに集まり、風船を覗き込んでいる。<br><br>◎風船つき<br><br>○風船の動きに合わせて、風船が地面に落ちないように、風船をつく。<br><br><br><br>・2つのグループに分かれる。<br>・早くやりたい子がいる。<br><br><br><br>・風船をすぐに落としてしまう子どもがいる。<br>・風船を強くつきすぎてしまう子どもがいる。 | 【展開】<br>・風船を「一つずつ取りましょう」と伝える。<br>・子どもの安全のために、「歩いていっておいで」などの約束をつくる。<br>・取ってきた風船について「真ん中のかごに入れましょう」と伝える。<br>水分補給<br>◎「風船が地面に落ちないようにしよう」と子どもに目標を伝える。<br>○「いっぱいできるかな？」など声をかけて活動を始めることで、子どものやる気を引きだす。<br>・子どもは風船だけを目で見て追うので、周囲に危険なものがないように配慮する。<br>◎風船をつく子どもと、それを応援する子どもとに分かれて活動を行う。<br>・具体的に「グループに分かれるよ」や「○○ちゃんは風船で○○君は応援ね！」といった具合にグループ分けを行う。<br>・傍らに行き、実習生も子どもと交互に風船をつきあう。その際、子どもが風船をつきやすいようにする。<br>・力の調整をしやすいように、子どもに近づく。<br>→その際の保育者の身振り手振りや声について、子どもが力の調整をしやすいように、身振りを小さくしたり、「そ〜っと」と小声で表現したりする。 |

4. 身体遊び・運動遊びの部分実習指導案

4．身体遊び・運動遊びの部分実習指導案

| 時間 | 環境構成 | 予想される子どもの活動 | 保育者（実習生）の援助・配慮点 |
|---|---|---|---|
| | | ・飽きてしまう子どもがいる。 | ・子どもが集中して取り組みやすいように、役割の交代を短い時間にする（およそ30〜40秒） |
| | | ◎うちわでお散歩 | ◎「うちわでお散歩しよう」など、道具（うちわ）を使用することを強調する。 |
| | | ○うちわを使ったことにより、色々な動きをする。 | |
| | | ・風船で楽しそうに遊んでいる。 | |
| | | ・子ども同士で声をかけあっている。 | ○「○○ちゃんのいるところまでお散歩しよう！」など声をかけて、活動のゴールを具体的に示しつつ、子どものやる気を引き出す。 |
| | | ・ゴール側の子どもが応援している。 | |
| | | ・手を使って軌道修正をしようとする子どももいる。 | ・ゴールは、「風船つき」のグループのうちの一人が持っているかごに設定する。 |
| | | ・目線が下（風船）に下がりやすくなる。 | ○周囲との距離が十分にとれるように配慮する。 |
| | | ・子ども同士がぶつかりそうになっている。 | ・子ども同士の距離が近くなりだしたら、「○○君こっち！」などと声をかける一方で、危険と判断した時は「ストップ！」などの指示を出す。 |
| | | | 水分補給 |
| 3分 | | ◎風船と遊ぼう！ | ◎風船と遊ぼう！ |
| | | ○思い思いに、風船で遊んでいる。 | ○「好きなように風船と遊ぼう！」とお題を示す。 |
| | | ・力いっぱい風船を投げたりついたりする。 | ・子どもが思いついた色々な風船との遊び方について、保育者は「おもしろいね！」や「すごい！」などポジティブに受け止め、反応することで、子どものやる気を後押しする。 |
| | | ・床に近い低いところで風船と遊んでいる子どもがいる。 | |
| | | ・「うちわでお散歩」の続きをやっている子もいる。 | ・保育者は、子どもがそれぞれに工夫している姿を受け止め、反応できるようにする。 |
| | | ○子どもが、様々な動きをする。 | ○保育者は安全への配慮を十分に行う。 |
| | | | ・活動できるグループを「うちわでお散歩」の時より少人数のグループに分ける。 |
| | | | ・活動するグループには、「どんなふうにできるかな？」など声をかける。 |
| | | ・活動している子どもをみて、待っているグループの子どもが色々な反応をしている。 | ・待っているグループには、「どんな遊び方があるだろう？」などと声をかけ、活動しているグループに待っている子どもたちの目が向きやすいようにする。 |
| | | | ※なお、遊びのゴールは、「うちわでお散歩」の活動と同様に、かごに設定する。 |

（2）2歳児クラス／風船あそび

| 時間 | 環境構成 | 予想される子どもの活動 | 保育者（実習生）の援助・配慮点 |
|---|---|---|---|
| | | 【まとめ】<br>○活動の様子などを答える。<br><br>・子どもたちが「すごーい」や「かんたんだよ！」などと言いながら、様々な反応をしている。 | 【まとめ】<br>○「風船と仲良くなれたかな？」と聞く。<br>○子どもたちの反応を受けつつ、「先生はこんなの思いついたんだけど…」などと言いながら、次の展開（ステップ）を子どもたちに見せる。<br>○「またやろうね！」で終わる。 |

## 【実施するときのポイント】

　活動の前に一人一人の健康観察をしっかり行い、活動中の健康観察にも留意します。また、活動の場の設定については、子どもの動きを常に予想しながら、安全面や個々の子どもへの配慮を欠かさないようにします。また、近年は熱中症への懸念もあります。そこで、活動の合間に水分補給の時間を取るなどの配慮も重要です。

　今回の活動では「風船」を使用しますが、風船の不思議な動きに子どもの気持ちは自然と高まり、風船遊びに夢中になりやすいです。半面、子どもの目線が風船に集中しやすく、周りの子どもとぶつかるといった事故も十分に考えられます。ですので、子ども同士の遊びを導入するときには、活動する子どもの人数や場所などの環境に配慮したり、子どもが集中して遊び（活動）に取り組めるように、運動する時間を短く（30〜40秒ほど）区切って、繰り返し行うようにしたりするなどの環境構成への工夫も必要です。

　最後に、活動内容については言葉で説明するというよりも、「百聞は一見に如かず」というように、実際に保育者の動きを子どもに見せる方が効果的です。その際、保育者は子どもへ伝えるための表現に関して、様々な配慮をしましょう。

　具体的には、「風船の動き」について「ふわふわ」といった擬音を使用したり、「子どもの運動調整」に関して「ふんわり・そーっと」などの表現を工夫したりしましょう。例えば、声の大きさで力の加減を伝えるなど、子どもに分かりやすく伝えることがあげられます。それらの言葉や身体の表現が、子どもの運動感覚や調整力の目安になり、効果的に運動遊びを行うことにつながります。

4．身体遊び・運動遊びの部分実習指導案

## 身体遊び・運動遊び（3）4歳児クラス　6月　部分実習指導案
### ―動物のまねっこをしよう―

### 【この指導案の特徴】

　オーストラリアのアボリジニや北海道のアイヌなど、先住民と呼ばれる人々の文化に、動物のまねをして踊るものが見られます。動物は身近な存在で、それをまねて表現するという行為は、人間の本能的なものなのかもしれません。

　子どもも動物が大好きです。乳児の頃から、動物を見ると、その名称を覚えるよりも前に、「ワンワン」「ニャーニャー」などと鳴き声をまねる姿が見られます。絵本でも動物が出てくると、嬉しそうに反応します。そこで、この指導案ではリズムに乗って、動物のまねっこをする身体遊びを考えました。

　これは、特別な楽器を必要とせず、リズムがとれるクラベス、ウッドブロック、ギロなどの打楽器や音具があれば十分です。ウサギ、イヌ、カエルなど、表現する動物を提示して、みんなで自由に動物の動きや鳴き声をまねてみる活動です。

　この活動は、導入にもペープサートと絵本、クイズなど素材がたくさんあり、流れを作りやすいでしょう。

### 【準備するもの】

　実習生が叩くクラベスやギロなどを用意します。ない場合は、太鼓の撥や木の棒など、木の音がする音具を探してください。叩くものによって、様々な音色が楽しめます。

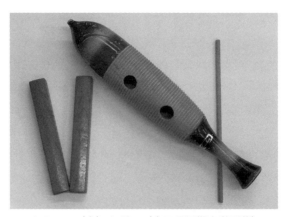

クラベス（左）とギロ（小田原短期大学所蔵）

　上にも述べたように、導入に適したペープサートと絵本などは適宜用意しま

しょう。この指導案では、ペープサートを使った動物のシルエットクイズを考えてみました。

ペープサートの表と裏（シルエット）

実施する場所は、子どもが自由に動けるような、広い場所が望ましいです。ただ、パーソナルスペースを確保しにくい時は、小グループを作り、動く子どもたちと見る子どもたちに分かれてもよいでしょう。その場合は、見る子どもたちも一緒にリズムを叩いて、動く子どもたちを応援して、共に活動を楽しめるよう配慮してください。

## 【実施するときのポイント】

ピアノの伴奏を用いず、リズムに合わせて身体表現を行う活動です。自由に子どもたちが動き、即興性や想像力が十分に発揮できる言葉かけや実習生のモデルとしての動きが重要です。実習生が豊かな表現力で、楽しそうに動物になりきって動くと、子どもたちはそれに触発され、自然と豊かな動きをしていくことでしょう。最初は子どもたちも恥ずかしそうにふるまい、どのように表現してよいかわからず、ぎこちない動きになるかもしれません。しかし、動いていくうちにクラスの他の友だちの動きに合わせて、みんなが動き、全体を盛り上げていくと思います。

なりきる動物は、鳴き声も真似しやすいものを選ぶと、身体で表現できない子どもは鳴き声で表現することもできます。この指導案では、ウマ、イヌ、カエルを選びました。

4．身体遊び・運動遊びの部分実習指導案

# 部分実習指導案

（ 4 ） 歳児 （ 6 ） 月の部分実習指導案

実施日： （ 6 ） 月 （ 7 ） 日 （ 火 ） 曜日

対象児： （ 4 ） 歳児 （ 20 ） 名 （ 男 10 名／女 10 名 ）

テーマ： 動物のまねっこをしよう

● 主な活動内容 ●
・木製の打楽器・音具のリズムに合わせて、動物になって身体を動かす。
・動物になりながら、鳴き声でやりとりするなど、友達同士でコミュニケーションをとる。

| ● 子どもの実態 ● | ● ねらい ● |
|---|---|
| ・動物園に遠足に行き、動物の動きや鳴き声に興味をもっている。<br>・リズム遊びでは身体を色々に動かすことを楽しんでいる。<br>・年長さんの楽器遊びに興味をもち、やってみたいと話している子がいる。 | ・リズムに合わせて身体を動かす。<br>・動物になりきって、いろいろな表現を楽しむ。<br>・友達や実習生の動きをよく見て、模倣しようとする。 |

| 時間 | 環境構成 | 予想される子どもの活動 | 保育者（実習生）の援助・配慮点 |
|---|---|---|---|
| 6分 | 「動物のシルエットクイズ」<br><br>・準備するもの：ペープサート<br>・床に丸くなって座る。 | 【導入】<br>◎動物のシルエットクイズ<br>・実習生が示した場所に座る。<br><br>・どこに座ってよいかわからない子どもがいる。<br><br>・「こんにちは」と元気よく挨拶をする。<br>・「楽しかったよ」「大きなゾウさんいたよ」「おサルさんと写真撮った」と子ども達が一斉に話す。<br><br>・「どんなクイズ？」と興味を示す子どもがいる。<br>・「ウサギ！」「キリン！」「ペンギン！」とそれぞれ答える。<br>・「キリン！」と一斉に答える。<br>・「すぐにわかった」「次のクイズは何」と口々に話す。 | 【導入】<br>◎動物のシルエットクイズ<br>・「床に丸くなって座りましょう」と声をかける。<br><br>・「ここに座ろうね」と手で場所を示す。<br><br>・「みなさん、こんにちは」と挨拶する。<br>・「この前、みんなで動物園に遠足に行きましたね。楽しかったですか」とたずねる。<br><br>・「今日は動物園で会った動物さんのクイズを出しますね」<br>・ペープサートを裏にしてシルエットを見せて、「なんの動物かな」とクイズを出す。<br>・「首のなが─い動物だよ」とヒントを出す。<br>・ペープサートを表にして、「答えはキリンさんでした」とキリンの絵を見せる。 |

98

（3）4歳児クラス／動物のまねっこをしよう

| 時間 | 環境構成 | 予想される子どもの活動 | 保育者（実習生）の援助・配慮点 |
|---|---|---|---|
| | | ・「ネズミ！」「カエル！」 | ・「今度はこんな動物さんですよ。何でしょう」とシルエットを見せる。 |
| | | ・「リス！」と答える子どもがいる。 | ・「どんぐりが大好きですよ」とヒントを出す。 |
| | | ・「あたった！」「動物園で見たね」と言う子どもがいる。 | ・「正解です。リスさんでした」とペープサートの表を見せる。 |
| 12分 | 「動物のまねっこ遊び」 ㋻ ○ ○ ○ ○ ○ / ○ ○ ○ ○ ○ / ○ ○ ○ ○ ○ / ○ ○ ○ ○ ○ / ○ ○ ○ ○ ○ ㋬ ・準備するもの：クラベスとギロ ・友達と距離をあけて立つ。 | ◎動物のまねっこ遊び ・友達とくっついている子どもがいる。 | ◎動物のまねっこ遊び ・「それでは、これから動物のまねっこ遊びをするよ。たくさん動くので、お友達と離れて立ってください」と促す。 |
| | | ・「どんな動物かな」と子ども達が期待する。 ・「ワンワン」とイヌのまねをして鳴く子どもがいる。 ・四つん這いになり、イヌになりきる子どもがいる。 ・何をしてよいかわからず、動けない子どもがいる。 | ・「今日はみんなで動物になって遊びましょう」「最初はイヌです。先生がリズムを叩くので、イヌのまねをして動いてみてください」と言いクラベスで拍を刻む。 |
| | | ・実習生の動きを見ながら、子どもたちが身体を動かし始める。 | ・「それでは先生がイヌのまねっこをしてみるので、見ていてね」と言い、クラベスを叩きながら姿勢を低くしてイヌの動きをまねる。 |
| | | ・子どもたちがイヌになりきって走り回る。 ・「ヒヒーン」という子どもがいたり、「パッカパッカ」と言って走る子どもがいる。 | ・「それでは少し速く動いてみようね」と言い、クラベスを細かく打つ。 ・「今度はウマさんになってみよう。スキップしてみましょう」と言い、付点のリズムを刻む。 |
| | | ・リズムに合わせて、楽しそうにスキップができる子どもがいる。 ・クラベスのリズムに乗れない子どもがいる。 | ・「こうやってみましょう」とスキップの手本を見せる。 ・速さを変えながら、クラベスを打つ。 |
| | | ・子ども達が、「ウサギ」「クマ」「カエル」「ライオン」と口々に動物の名前を言う。 | ・「次はみんながなりたい生き物になりましょう。何になりたいですか」と聞く。 |

4. 身体遊び・運動遊びの部分実習指導案

99

| 時間 | 環境構成 | 予想される子どもの活動 | 保育者（実習生）の援助・配慮点 |
|---|---|---|---|
| 2分 | ・床に丸くなって座る。 | ・「かえるの歌が～」と歌い出す子どもがいる。一緒に何人かの子ども達が合唱を始める。<br>・「カエルの声みたい」と音色に興味を示す子どもがいる。<br>・しゃがんだり、飛び跳ねたり、自由に動く子どもがいる。<br>【まとめ】<br>・「今度はゾウさんやりたい」という子どもがいる。<br>・「ケロケロ」と言い続けている子どももいる。 | ・「カエルさん、いいね。みんなでカエルになりましょう」と提案する。<br>・ギロを出してきて、拍を刻む。<br>【まとめ】<br>・「では丸くなって座りましょう」と呼びかける。<br>・「今日はいろいろな動物さんになってみたね。今度、動物園に行ったら、よく観察して、またまねっこしてみましょう」と言い、締めくくる。 |

## 【アボリジニの身体表現の特徴】

　この指導案はアボリジニの芸能からヒントを得ました。アボリジニの人々は、死後は精霊になり、動植物などに宿るという思想をもっています。そのため、動植物の生態、自然現象をテーマにした踊りを大切にしています。具体的に表現する対象は、神話に登場するカンガルーをはじめ、身近な存在であるチョウ、クモ、カササギガン（鳥）、ララジャジャ（魚）などです。

　この踊りの伴奏にはきわめて単純な楽器が用いられます。ユーカリの木で作るトランペット類のディジェリドゥが単純なメロディーを演奏し、これにクラップ・スティック（拍子木）によるリズムが伴われます。短い歌詞を持つ歌がテンポを変えて繰り返されることにより、動物が動く様子をダイナミックに表現する効果を生み出しています。

　このようにアボリジニの芸能は、歌と楽器と踊りが一体化した総合的なもので、子どもの身体表現に取り入れるのに最適な素材と言えます。

（4）５歳児クラス／ドッジボール

# 身体遊び・運動遊び（4）５歳児クラス　４月　部分実習指導案
## ―ドッジボール―

### 【この指導案の特徴】

　５歳になると、子どもは走る、跳ぶ、投げる、ぶら下がって体を支えるなどの基礎的な運動能力が身に付きます。特にこの年代の特徴は、神経系が飛躍的に発達することがあげられます。それゆえ、協応性・敏捷性・平衡性・巧緻性などの体をコントロールする調整力を養うことが重要となります。

　また、心の発達として、自我が発達するとともに、順番を守ることや勝ち負け、遊びのルール等を理解するようになります。そこで、ルールを設けたボール遊びを行うことで、友達と関わりながら仲良く遊べるようになる協働性・協調性を身に付けていきます。

## 部分実習指導案

実施日：（　４　）月（　20　）日（　火　）曜日

対象児：（　５　）歳児（　20　）名（　男　10　名／女　10　名　）

テーマ：　ドッジボール

**● 主な活動内容 ●**
・友達と関わり合いながら、ボールを使って、ルールのある運動遊びを楽しむ。

| **● 子どもの実態 ●** | **● ねらい ●** |
|---|---|
| ・走る、跳ぶ、投げる、ぶら下がって体を支えるなどの基本的な運動能力が身に付き、より巧みな運動遊びへと繋げていくことができる。<br>・自我が強く出てしまい、相手の気持ちを想像できないことがある。 | ・ボールを使った運動遊びを通じて、体を巧みに操作したり、用具（ボール）を巧みに扱かい調整しようとする。<br>・ルールを設けたボール遊びを行うことで、友達と関わりながら相手の気持ちを推し量かろうとする。 |

| 時間 | 環境構成 | 予想される子どもの活動 | 保育者（実習生）の援助・配慮点 |
|---|---|---|---|
| 3分 | ・事前に場の安全点検と環境を整える。<br>・子どもが太陽に背を向けられるように配慮する。<br>・あらかじめラインを引いておく。 | 【導入】<br>○保育者の前に広がって集まる。 | 【導入】<br>○子ども一人一人の健康観察をする。<br>○丸く集まるように伝える。<br>○準備運動を行う。 |

4. 身体遊び・運動遊びの部分実習指導案

101

### 4. 身体遊び・運動遊びの部分実習指導案

| 時間 | 環境構成 | 予想される子どもの活動 | 保育者（実習生）の援助・配慮点 |
|---|---|---|---|
| 15分 | 場所：園庭 | ・まわりを見ていて動かない子がいる。 | ・動かない子の側に行って動きを伝える。 |
| | | 【展開】<br>◎ひとりでキャッチ（セルフ） | 【展開】<br>◎ひとりでボールを投げて、キャッチする。<br>○「どんなキャッチの仕方があるかな？」など子どもに言葉を投げかけて、子ども自身が色々な工夫ができるようにする。 |
| | | ・ワンバウンドでキャッチしたり、ボールが空中にある間に1回転したりしてキャッチする。 | ・様々な方法でキャッチしようとする子どもの行動を認め、他の子にも伝える。見落とさないように配慮する。 |
| | | ・ボールをその場でコントロールできない場合がある。 | ・ルールとして、「その場でキャッチする」ということを設けつつ、子どもにとって自然にそれができるように、「投げるボールの高さは頭まで」というルールを加える。 |
| | | ◎ふたりでキャッチ（ペア） | ◎ペアでボールを投げてキャッチする。<br>○「さっき発明した投げ方を見せっこしよう！」などと声をかけ、先の活動とのつながりをもたせる。 |
| | | ・子ども固有（特有）の技名などを使用するケースもある。 | ・子どもが思い付いた運動遊びの方法やネーミングについて、保育者は目を凝らし、反応する。 |
| | | ・相手に強くボールを投げることがある。 | ・投げるというよりも、相手に「渡す」であったり「パスする」ということを強調する。 |
| | | ◎ロケット花火 | ◎「ふたりでキャッチ」の変化として、投げられるボールの高さの制限を外す。<br>○「どこまで高くロケットを打ち上げられるかな？」などの声かけをしながら、子どものやる気を引きだす。 |
| | | ・ボールの行方が散乱しやすくなる。 | ・十分な園庭の広さを確保できない場合、ロケットを発射できるグループを決めて行う。 |
| | | ・ボールをキャッチできないことを気にする。 | ・目的は、あくまで「どれだけロケットを高く打ち上げられるか」ということであることを、再度説明する。 |
| | | ◎トンネルゴロゴロ | ◎4人組になり、ふたりはボールを転がしてパスし、他のふたりは転がってきたボールを足の間を通せるように、トンネルを作る。 |

（4）5歳児クラス／ドッジボール

| 時間 | 環境構成 | 予想される子どもの活動 | 保育者（実習生）の援助・配慮点 |
|---|---|---|---|
| | （図：⊛、ボ ボ ボ ボ ボ／〇 〇 〇 〇 〇／ボ ボ ボ ボ ボ）<br><br>〇にボと記載した子どもはボールを転がす役割の子ども<br><br>（図：待機場所（ボールに当たった子どもの）⊛ 待機場所（ボールに当たった子どもの）、〇が並ぶ） | ・ルールを理解できない子どもがいる。<br><br>・トンネルにはじかれたボールが、隣のグループへ転がっていく。<br><br>・ボールを投げる。<br><br><br>◎ゴロゴロドッジ（ドッジボール）<br><br><br><br><br><br><br><br><br><br><br>・ルールの理解が困難な子どもがいる場合がある。<br>・ボールを投げてしまう子どもがいる。<br><br><br>・応援エリアの子どもが飽きてしまう。 | ・ルールを理解できていないグループのもとへ行き、一緒に活動をする中でルールを理解できるようにする。<br>・保育者の合図に合わせてボールを転がすようにする。<br><br>・「ゴロゴロ」という言葉を効果的に使用し、ボールを転がすことを強調する。<br><br>◎8人ほどのグループを作り、ゴロ（ボールを転がしながら）でドッジボールを行う。<br>〇ルール<br>：枠の外にいる子ども（外野）はボールを転がして、枠の中にいる子ども（内野）を狙う。<br>：ボールに当たってしまった子ども（内野）は決められたエリアへ移動して、仲間を応援する。<br><br>・ルールの理解が困難なグループには、一緒に活動しながらルールを理解できるよう援助する。<br>・「ゴロゴロドッジ」という言葉（ゲーム名）を効果的に使用し、ボールを転がすというルールであることを強調する。<br><br>・1ゲームを行う時間が冗長にならないように工夫する。<br>・保育者は一緒になって応援するなど、配慮する。 |
| 3分 | | 【まとめ】<br>〇用具（ボール）を所定の位置へ片付ける。<br>〇活動の様子などを答える。 | 【まとめ】<br>〇ボールを片付けに来てくれた子どもに、「ありがとう」と伝える。<br>〇「ボールをよけられたかな？」と聞く。<br>〇子どもの反応に応答しつつ、「次回は進化したドッジボールに挑戦しようね」などと言い、次回の展望にふれる。<br>〇「またやろうね」で終わる。 |

**4. 身体遊び・運動遊びの部分実習指導案**

## 【実施するときのポイント】

この年代の運動遊びとして保育者が意識しておくべきポイントとして、体を巧みに動かすことや道具を巧みに使うことがあげられます。そのため、今回はボー

## 4．身体遊び・運動遊びの部分実習指導案

ルを転がすことやキャッチすることに加え、ボールを「よける」という動きを組み合わせています。

　もともと、ドッジボールのドッジ（dodge）とは「身をかわす、よける」という意味があります。ドッジボールという運動遊びを用いるにあたり、用語の意味を理解し、子どもたちにその意味を適切に伝えていくことも肝要です。なぜなら、この後の展開として、投げたボールを「よける」遊びに接続していく過程で、ボールを仲間に「ぶつける」遊びであるといった認識が加わると、様々な事故やケガの原因を招きかねないからです。

　さらに、様々なルールを理解し、友達と関わりながら遊ぶという心の成長の面においても、子どもたちがルールをより理解しやすく、かつ各活動の繋がりをもたせられるような工夫が求められます。今回、使用した様々な運動遊びの名前（たとえば「トンネルゴロゴロ」や「ゴロゴロドッジ」など）は、子どもたちにとってその名前を聞いたときに活動内容やルールがなるべくパッと頭に浮かぶように工夫しています。

　これらは、ほんの一例ですし、もっといいネーミングがあるかもしれません。それらについて考えることも、保育者の仕事の面白いところですね。

（5）5歳児クラス／変身、○○にな〜れ！

# 身体遊び・運動遊び（5）5歳児クラス　6月　部分実習指導案
## ―変身、○○にな〜れ！―

### 【この指導案の特徴】

　マットやフープ（輪）などの用具を一切使わなくても、子どもたちの想像の世界から動きを引きだせるのがこの指導案の特徴です。多くの用具を置けない環境や外に出られない雨天のとき、活動の合い間などにも行えるので、この指導案の用意があると保育者は安心でしょう。このように、用具を使わないことから比較的安全に行える活動ですが、その分、保育者自身の豊かな想像力や子どもの心に触れる言葉がけを多く準備しておくことが大切です。また、子どもたちが個々の活動で終わらず、「変身したいもの」（具象）や「変身したい想い」（イメージ）を共有して、互いに関わり合いながら活動できるのも、この指導案の特徴といえます。

## 部分実習指導案

実施日：（　6　）月（　14　）日（　水　）曜日

対象児：（　5　）歳児（　15　）名（　男　8　名／女　7　名　）

テーマ：　変身、○○にな〜れ！

● 主な活動内容 ●
・変身遊びで多様なイメージをもち、即興的に動く。

| ● 子どもの実態 ● | ● ねらい ● |
| --- | --- |
| ・元気いっぱい体を動かして遊ぶことができる反面、男女の発想に違いが出てくる。<br>・友達と協同遊びはできるが、時には自己主張をしてけんかになることもある。 | ・走、跳、投、蹴、回などの動作が飛躍的に上達するこの時期に多様に体を動かす。<br>・あこがれのヒーローになりきり、ファンタジーの世界で友達と一緒に楽しむ。 |

| 時間 | 環境構成 | 予想される子どもの活動 | 保育者（実習生）の援助・配慮点 |
| --- | --- | --- | --- |
| 3分 | 場所：保育室（広いスペース）<br>・走ったり跳んだりするので、周囲や足元に危険なものがないか注意する。 | 【導入】<br>◎「ボク戦隊ヒーロー強いんだぜ」「プリンセスになりたいの」「忍者にへんし〜ん」などと口々に言うが、「え〜、なりたいものがない」「分かんない」という子もいる。 | 【導入】<br>◎「今日はね、みんななりたいものに変身するよ。何に変身したいかな？」と興味がわくような問いかけをする。<br>・思い浮かばない子どもには「大好きな選手（サッカーや野球、フィギュアスケート）でもいいんだよ」とヒントを与え、保育者が動きのヒントを与え、イメージが拡がるように促す。 |

4. 身体遊び・運動遊びの部分実習指導案

105

**4．身体遊び・運動遊びの部分実習指導案**

| 時間 | 環境構成 | 予想される子どもの活動 | 保育者（実習生）の援助・配慮点 |
|---|---|---|---|
| | | 【展開】<br>◎子どもは自分が思ったイメージで次々に動き始める。ヒコーキ・○○レンジャー・きれいな花など、様々。はっきりしたイメージがもてない子も何となく周囲に同調して動いている。 | 【展開】<br>◎「ヒーローはどんなふうに動くかな？」と発想から動きを引きだし、子どもから出てきたイメージを、短く次々に保育者と一緒に動いてみる。<br>・動きはあくまで大まかで楽しめるものにとどめる。<br>・動きが激しくなると、子ども同士がぶつかることもあるので、様子を見ながら進める。 |
| | | ◎思い思いに動くので、動きがバラバラで収拾つかない様子が見られる。<br>・「○○ちゃんカッコイイ！」と真似して一緒に動く子も、自分の動きをアピールする子も出てくる。 | ◎できばえは問わない。なりきって没頭している子がいたら「いいね〜みんなで○○ちゃんヒーローの真似っこしてみよう」と褒め、動きの少ない子も楽しい雰囲気に巻き込んでいくようにする。 |
| 2分 | | 【まとめ】<br>◎「今度はもっとすごいヒーロー見つけよう」と、友達と楽しそうに話している子もいる。 | 【まとめ】<br>◎「ヒーローになったら、どんな気持ちだった？気持ちよかった？強くなれた？」と思いきり体で表現した楽しさを感じるように話す。<br>・擦りむいたり、衣服が破れたりしていないか確認する。 |

## 【実施するときのポイント】

### 1. 個人差

　活発に体を動かす子どもと、イメージはわいてもそれほど運動能力が高いとはいえない子の差が生じる年齢です。しかし、運動能力の高さだけを問うものではなく、一人一人がイメージしたものになりきって気持ちよく達成感をもって動けたのかが大切です。衝突による怪我などには気を付けますが、運動のできばえの評価は重要視しなくてもよいでしょう。

### 2. 個人活動から集団活動への移行

　まずは、それぞれが自分のなりたいもの、あこがれのものに変身してみます。その活動をしていくうちに、友達の動きがカッコよく見えたり真似したくなったら、みんなで1つか2つの題材で一緒に動いてみましょう。あっちにもこっちにも

忍者が出没して、見え隠れする様子を数人で表現したり、フィギュアスケートで
それぞれがいろんな回り方、跳び方をしてみたりという感じです。決して全員で
そろえて同じ動きをさせるということはしないでおきましょう。あくまでも、同
じイメージで動くけれど、むりにそろえなくてよいということです。

## 3. 準備するもの

　用具などで特に準備するものはありませんが、子どもたちが日頃どんなことや
ものに興味をもっているか、何にあこがれを抱いているのかを観察してあらかじ
め予想をしておくとよいでしょう。「変身してみよう」という問いかけに、とまどっ
た様子を見せる子やすぐ動き出せない子がいる場合、すかさず「こんなヒーロー
がいるね」や「○○はカッコイイね」とたくさんのアイデアを出していくと、子
どもたちの想像もふくらみます。

## 4. 導入・展開・発展の特徴

①導入：すぐに何にでも変身して遊べるようにしたいので前頁「準備するもの」
　に書いたように、たくさんのアイデアを子どもたちに投げかけてみましょう。

②展開：子どもたちが変身を始めたら、動きをよく観察しながら「何回も跳ぶよ
　ね」「遠くまで滑っていけるかな」「シュッて消えるの？」と、空間を大きく動
　くための言葉がけや素早く動けるような声かけを入れてみましょう。「もう一
　回やってみせて」「何回も回るよ」と動きを単発で終わらせずに、繰り返して
　流れをつくるようにしましょう。

③発展：いろいろな変身からもっと難しい動きもできそうだと判断したら、「忍
　者はピタッと止まる！」「クルクルッて3回転できるかな」など静止や回転な
　どの進んだ運動にもチャレンジしてみましょう。保育者は動きを助ける擬音語
　を巧く使って、声のかけ合いで流れにメリハリを付けるとよいでしょう。

## 5. 保育者の楽しい言葉がけで動きを引きだす

　「○○になってみよう」という変身遊びは、一人一人の子どもが「あんなふう
になりたいな」というあこがれの存在を思い描いて自由に体を動かすことが大切
になります。しかし、子どもが思い付くまま動くから保育者はノータッチでよい
という考えでは、豊かで伸びやかな表現は引きだせないのです。子どもたちが自
由に動き回り、自分の浮かんだイメージのまま行う活動だからこそ、保育者の言
葉がけ1つで子どもたちの動きは驚くほど変わってくるのです。子どもが1つの
イメージで動きだしたら「ほかにも何かある？」とイメージの拡がりを促したり、
動きが小さく運動量が少ないと感じたら「ヒーローだったら、もっと素早くスーッ
て消えちゃうかもね」「お花がパッていっぺんにあっちにもこっちにも咲いてる
よ！」と、動きの速さや空間移動などをより高める言葉がけを準備しておくと、
子どもの動きがよりダイナミックに変わります。乗り物に変身でピタッ！と止ま

## 4．身体遊び・運動遊びの部分実習指導案

らせるには「急ブレーキ！」、忍者では「サッササッ〜と身を隠す」「クルリと敵から身をかわす」などの擬音語や擬態語を使い、動きの質感をイメージさせると表情豊かな動きを引きだせるかもしれません。また、個性的なポーズやなりきったポーズを褒めると、まわりの子どももあんなふうにやってみよう、と意欲が増すのです。子どもの感性を受け止め、さらに物語が生まれたりファンタジーの世界に誘うような言葉がけで多様な動きを引きだすことがポイントです。

# 5. 言葉遊びの部分実習指導案

　子どもたちの言葉の発達には、大人が深い愛情をもって応答的に話しかけるなど、心と体を使ったコミュニケーションが欠かせません。このコミュニケーションを盛んにし、信頼関係を構築し、言葉の発達を促すためには、児童文化財を適切に活用することが効果的です。言葉遊びは、その児童文化財の中の1つです。

　言葉遊びは、言葉の面白さやリズム感を楽しむのが特徴で、保育者の工夫があれば、いつでもどこでも手軽に遊べる柔軟性もあります。

　ただし、「遊び」ではあっても、発達段階に適した内容でなければなりません。子どもたちが自由に行動している姿をよく観察し、どのような発達段階にいて、何を望んでいるのかを理解するように努めましょう。「簡単過ぎるかな」と思うくらいの遊びを導入にすると効果的です。

# 言葉遊び（1）3歳児クラス　12月　部分実習指導案
## —動物さがし—

### 【この指導案の特徴】

数日後に動物園への遠足を控えているという設定で、動物園にいる動物を絵カードや図鑑、絵本を利用し、探しだすゲームです。また、探しだすだけではなく、言葉の習得を目指すために子どもたちが探した絵カードをホワイトボードに貼り、さらにカードの下にひらがなを書いて、絵と文字のつながりを意識させることが目的です。

## 部分実習指導案

実施日：（ 12 ）月（ 5 ）日（ 火 ）曜日

対象児：（ 3 ）歳児（ 9 ）名（ 男 4 名／女 5 名 ）

テーマ：　動物さがし

**主な活動内容**
・絵カードを活用した言葉探しゲーム（動物編）。

| 子どもの実態 | ねらい |
|---|---|
| ・自分のことは自分でしようと、保育者に「これ、なあに？」「これ、どうやるの？」と尋ね、積極的に活動しようとする姿が見られる。<br>・クラスの友達に親しみをもち、「一緒に遊ぼう」と進んで声をかける姿が見られる。 | ・興味をもったことに、自分から進んでやってみたり、言葉で表現したりしようとする。<br>・ゲームを通して、簡単な言葉のやり取りをしながら、保育者や友達と関わって遊ぶことを喜ぶ。 |

| 時間 | 環境構成 | 予想される子どもの活動 | 保育者（実習生）の援助・配慮点 |
|---|---|---|---|
| 10分 | 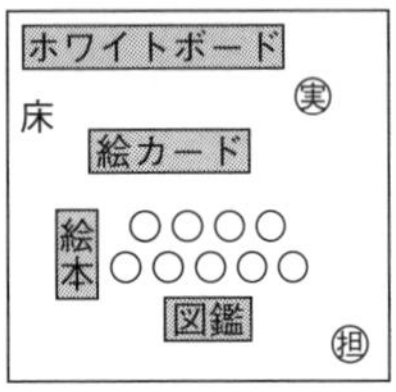<br>準備するもの：<br>・絵カード<br>・絵本<br>・図鑑<br>・ホワイトボード<br>・マグネット<br>・パペット（または折り紙で折った動物） | 【導入】<br>◎パペット（または折り紙で折った動物）を見て、「○○～」と答える。<br><br>◎保育者が読む絵本『どうぶつえんにいきましょう』（著：あいはら　ひろゆき、教育画劇）を聞く。 | 【導入】<br>◎「今日は、お友達を連れてきました。これが何か分かるかな？」と言い、パペットか折り紙で折った動物をいくつか子どもたちに見せる。<br><br>◎「たくさん動物がいるところはどこかな？」と聞き、絵本の読み聞かせを行う。<br>・次の活動につなげられるように楽しそうな雰囲気で読む。 |

（1）3歳児クラス／動物さがし

| 時間 | 環境構成 | 予想される子どもの活動 | 保育者（実習生）の援助・配慮点 |
|---|---|---|---|
| 10分 | | 【展開】<br>◎動物園にいる動物さがしゲーム<br>・動物園に行きたくなり、活動を楽しみにしている子どもと、活動の内容が分からない子どもがいる。<br><br>○絵カードや図鑑、絵本から動物を探す。<br>・「これは動物？」と分からず、保育者に聞く子どもがいる。<br>・「動物園に行ったことがない」と不安になっている子どもがいる。<br><br>○動物を探したら、保育者に渡す。<br><br>○活動の終了を告げられるが、「まだやりたい」という子どもがいる。 | 【展開】<br>◎動物園にいる動物さがしゲーム<br>◎「みんなも動物園に行きたくなったかな。今日はこの部屋が動物園だよ。どんな動物がいるか、探してみよう」とゲームの内容を簡潔に説明する。<br><br>○床に絵カードや絵本などを置いていく。<br>・とまどっている子どもに声をかけ、「これも動物だと思うよ」などと、保育者も積極的に活動に参加する。<br><br>○子どもから受け取ったカードなどをホワイトボードに貼る。絵本などは貼れないので、立てかける。<br>○「たくさん貼れたね。そろそろ終わりかな」と活動が終わることを告げる<br>・なかなかやめない子には、「じゃあ、あと2枚ね」と言う。 |
| 7分 | | ◎子どもたちは床に座り、ホワイトボードに注目する。<br>・ホワイトボードに貼りたがる子どもがいる。<br><br>○答えが分かる子ども、分からない子どもが様々に答える。 | ◎「どんな動物がいたか見てみよう」と声をかけ、ホワイトボードを見るよう促す。<br>・貼りたい子には貼ってもらう。<br><br>○「これはなあに？」と子どもたちに問いかける。<br>・自発的に手をあげない子どもに対しては、保育者から「○○さん、これは何かな？」と、声をかける。<br>◎貼っている絵カードの下に「うま」「ぞう」などの語句を書いていく。 |

## 5．言葉遊びの部分実習指導案

| 時間 | 環境構成 | 予想される子どもの活動 | 保育者（実習生）の援助・配慮点 |
|---|---|---|---|
| 5分 | | 【まとめ】<br>◎手遊び<br>◎保育者を見ながら手遊びをする。 | 【まとめ】<br>◎手遊び<br>◎「みんな、上手にできました。最後にみんなで歌を歌いましょう」と言い、『動物園へ行こう』の歌を歌ったり、『パンダうさぎコアラ』の手遊びをする。<br>・手遊びは自然に子どもたちが真似できるように動作を大きくし、楽しい雰囲気を出す。<br>◎「今日はこれで終わりです。また、やりましょうね」と言い、活動の終了を告げる。 |

### 【実施するときのポイント】

　今回は、動物園に行く設定で指導案を作成しましたが、水族館やそのほかの場所でも応用できるので、子どもたちの様子に応じて臨機応変に対応してください。

　実習生は子どもたちに対して、知っている語彙を引きだしたり、「話がしたい」と思ったりできるような環境設定を行いましょう。間違えてもよい雰囲気づくりや、実習生による積極的な声かけが大切です。また、探すことが目的であるゲームなので、単純に床に置くだけでなく、軽く隠して見つけることを楽しめるように配慮するとよいでしょう。実際に動物園に行っている雰囲気づくりをするために、紙でつくった帽子をかぶるなど、楽しく活動を行ってください。

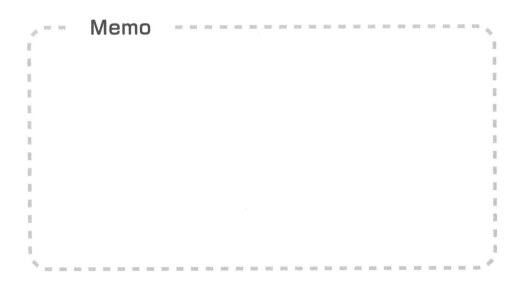

(2) 2歳児クラス／くだものなあに？

# 言葉遊び（2）2歳児クラス　12月　部分実習指導案
## ―くだものなあに？―

## 【この指導案の特徴】

　果物カードを使って、果物の名前とその色に対する理解を深めます。果物は子どもたちには身近な存在で、カラフルなために目にも止まりやすいようです。果物の形と名前をセットで覚えることで、ものの名前に対する感覚を養いましょう。また、果物の色を皆で確認することで、様々な色に興味をもつでしょう。

　「カードを探しだし、選び取る」ことの楽しさを知ります。本活動の後半は、保育者が指定するカードを子どもたちが探しだし、選び取るというゲームです。これは、後に学ぶ「かるた遊び」へと発展していく活動です。また、保育者が言う果物の名前や色を聞こうとすることは、他者の言葉に興味をもち、話を聞こうとする態度の育成へとつながっていくと考えられます。

---

### 部分実習指導案

実施日：（　12　）月（　10　）日（　木　）曜日
対象児：（　2　）歳児（　12　）名（　男　6　名／女　6　名　）
テーマ：　くだものなあに？

---

◉ 主な活動内容 ◉
・「果物カード」を使って果物の名前やその色に関する理解を深め、保育者が読みあげた果物カードを取る遊びを楽しむ。

| ◉ 子どもの実態 | ◉ ねらい |
|---|---|
| ・今日の服の色や好きな色について会話をする場面が増え、「色」に対して興味をもっている。 | ・果物の名前と色の名前の理解を深める。<br>・カードを探して取ることの楽しさを知る。 |

| 時間 | 環境構成 | 予想される子どもの活動 | 保育者（実習生）の援助・配慮点 |
|---|---|---|---|
| 10分 | | 【導入】<br>◎「果物カード」を使って楽しく遊ぶ。<br>○『フルーツパフェ』の手遊びをする。<br>・保育者の動きを見ながら真似る。<br>・教室の前の方へ行く。 | 【導入】<br>◎「果物カード」を使って楽しく遊ぶ。<br><br>・手遊び（『フルーツパフェ』）は突然始め、子どもたちの興味を引く。子どもたちを教室の前の方へ集める。 |

5. 言葉遊びの部分実習指導案

113

## 5．言葉遊びの部分実習指導案

| 時間 | 環境構成 | 予想される子どもの活動 | 保育者（実習生）の援助・配慮点 |
|---|---|---|---|
| | ・事前に上記の果物カードを各2枚ずつ準備しておく。 | ○保育者の話を聞き、質問に答える。<br>・「りんご」「メロン」と好きな果物を答える。<br>・保育者が見せる果物カードを見て、果物の名前を答える。<br>・果物の名前に対して興味をもつ。 | ・「どんな果物が好き？」と子どもたちの好きな果物を聞く。<br>・用意してきた果物カード（りんご、もも、ぶどう、バナナ、メロン、みかん）を子どもたちに見せ、果物の名前を聞く。<br>・上記の活動を何度か繰り返す。 |
| | | ・円をつくり床に座る。 | ・子どもたちに円をつくり座るように伝える。果物カードを各2枚ずつ用意し、円の中に並べる。 |
| 10分 | ・果物カードの向きはバラバラにする。 | 【展開】<br>◎果物カード探し<br>○果物カードを使って遊ぶ。<br>・保育者の話を聞く。<br>・保育者が言う果物のカードを取る。<br><br>・取ったカードを保育者に渡す。<br><br><br>・保育者の話を聞く。<br><br>・保育者が言う色と同じ色の果物が書かれたカードを取る。 | 【展開】<br>◎果物カード探し<br>・「今から言う果物が書かれたカードを取りましょう」と言う。<br>・果物の名前（りんご、もも、ぶどう、バナナ、メロン、みかん）を順番に言う。<br>・子どもたちが取ったカードを回収する。<br>・もう1度、果物カードを円の中に並べる。<br>・「今度は色を言います。同じ色の果物カードを取りましょう」と言う。<br>・果物の色（赤、ピンク、紫、黄、緑、オレンジ）を言う。 |
| 5分 | | 【まとめ】<br>・保育者を真似て、取った果物カードをおいしそうに食べる振りをする。<br>・「ごちそうさま」をする。<br>・果物カードを保育者に渡す。 | 【まとめ】<br>・果物カードをおいしそうに食べる振りをする。<br><br>・みんなで「ごちそうさま」をしようと声をかける。<br>・子どもたちから果物カードを回収する。<br>・「また果物カード遊びで楽しもうね」と語りかけ、次回の活動に期待をもたせる。 |

## 【実施するときのポイント】

　手遊び『フルーツパフェ』は、「♪パイナップルンルンルン」と「♪クリームのせて」の動きを大きくし、子どもたちを引き付けます。必要であれば手遊びを複数回やります。子どもたちの興味をより引き寄せるために、子どもたち全員に好きな果物を答えてもらうことが望ましいです。

　後半の果物カードを取る活動では、なかなかカードを取れない子が出てくることが予想されます。そうした子には果物や色を言う前に「〇〇ちゃんの目の前にある果物は何かな？」「〇〇君の目の前の果物は何色かな？」などと声をかけ、絵や色への興味が続くための補助に努めてください。

Memo

5．言葉遊びの部分実習指導案

# 言葉遊び（3）5歳児クラス　6月　部分実習指導案
## ―季節のうたあそび―

【この指導案の特徴】

　5歳児を対象とした6月の計画で、季節の変化を感じ取ることができる題材です。雨が降って外遊びができない日が続くと、子どもたちは雨を鬱陶しいものと感じてしまいがちですが、6月の雨は農作物にとってはなくてはならないもので、梅雨は夏へ向かう季節の変わり目です。雨が続く日にこの歌を歌い、天気にはそれぞれによさがあることや、雨の日には雨の日の楽しみがあることに気付いて欲しいと考えます。

　また、歌唱活動の導入としてパネルシアターを使うことも特徴の1つです。子どもと対面して行うパネルシアターは、登場人物や背景を自由に動かすことができるので、少しの工夫で一瞬の変化や意外性のある展開を繰り広げることが可能です。互いに相手の表情を見ながら言葉のやり取りを楽しむことができるため、双方向のコミュニケーションツールとして最適です。音楽表現とパネルシアターは相性がよく、大きな効果をあげることができます。

　5歳児になると基本的な生活習慣が身に付き、運動能力が伸び、友達と活発に遊ぶことができるようになります。社会生活に必要とされる基本的な力が身に付く大切な時期であり、仲間の一員としての自覚も生まれます。言語表現が充実して言葉による共通のイメージをもつことができるようになり、音楽的にはメロディーや歌詞を楽しむことができるようになります。このような時期に季節の歌を皆で一緒に歌うことは、子どもたちの叙情性を育み、音楽性を高める意義深い活動といえます。

## 部分実習指導案

実施日：（ 6 ）月（ 8 ）日（ 金 ）曜日
対象児：（ 5 ）歳児（ 18 ）名（ 男 8 名／女 10 名 ）
テーマ：　季節のうたあそび

● 主な活動内容 ●
・季節に合った『あめふりくまのこ』の話を、パネルシアターを通して楽しむ。
・歌詞を覚えて新しい歌『あめふりくまのこ』を歌う。

（3）5歳児クラス／季節のうたあそび

● 子どもの実態 ●
・絵本の面白さを知るようになり、すすんで絵本を選んだり、読んだりしている。
・声がよく出るようになり、既習曲を皆で一緒に歌って楽しんでいる。

● ねらい ●
・ストーリー展開に興味をもち、パネルシアターを通して、絵本の世界に親しむ。
・歌詞の面白さを感じ取り、皆で一緒に歌うことを楽しむ。

| 時間 | 環境構成 | 予想される子どもの活動 | 保育者（実習生）の援助・配慮点 |
|---|---|---|---|
| 3分 | ・並んで座る。<br><br>（実）パネルシアター<br>鍵盤楽器<br>○○○○○○<br>○○○○○○<br>○○○○○○（担）<br><br>準備するもの：<br>・『あめふりくまのこ』のパネルシアター<br>・鍵盤楽器<br>・CD<br>・CDプレイヤー<br>※鍵盤楽器は子どもと対面させ、パネルシアターへの移動もスムーズにできるようにする。 | 【導入】<br>○自分の椅子を持ってきて好きなところに座る。<br><br><br><br><br>◎季節の歌を歌う。<br>○『かたつむり』などの既習曲を歌う。<br>・自信をもって歌っている。 | 【導入】<br>○子どもたちに好きなところに座るように促す。<br>・全員がそろうまで手遊びで遊ぶ。<br>・全員そろっているか確認する。<br><br>◎季節の歌を歌う。<br>○季節の既習曲を歌うことによって今の季節を感じるとともに、これからの活動を楽しむ雰囲気をつくる。<br>・子どもたちの表情を見ながらピアノを弾き、一緒に歌う。 |
| 15分 | | 【展開】<br>○「どんなお話なのかな」「早く見たい」など期待する。<br><br><br><br><br><br><br><br>◎パネルシアターを楽しむ。<br>・保育者との対話により雨が降っているときの様子や、くまのこの気持ちを自分の言葉で話し、言葉のやり取りをする。 | 【展開】<br>○『あめふりくまのこ』のパネルシアターを見ることを伝える。<br>・「空が曇ってきて、お山に雨が降りだしました。どんなお話が始まるのかな？」<br>・事前に用意したパネルシアターを用いて、歌詞内容の概要をつかむことができるようにする。<br><br>◎パネルシアターを使って子どもと対話しながら、くまのこへの興味を引きだし、本題材の物語性を感じ取ることができるようにする。<br>・パネルシアターを操作するときは、子どもの表情が見えると同時に操作しやすい位置に立つ。<br>・全員に見えているか配慮しながら子どもを物語の世界に引き込む。 |

5.
言葉遊びの
部分実習指導案

117

5．言葉遊びの部分実習指導案

| 時間 | 環境構成 | 予想される子どもの活動 | 保育者（実習生）の援助・配慮点 |
|---|---|---|---|
| | | | 『あめふりくまのこ』のお話：<br>お山に雨が降りだしました。雨は次第に強くなり、地面に小川ができました。くまのこが駆けてきて小川に魚がいるかと覗いて探します。小川に魚を見付けることはできず、くまのこは、お水をすくって飲みます。それでも諦めきれないくまのこは、もう一度覗いてみますが、やっぱり魚はいません。雨はなかなか降りやまず、くまのこは葉っぱを頭にかぶせます。 |
| | | ◎「どんな歌かな？」「早く聴きたいな」など期待する。 | ◎新しい歌『あめふりくまのこ』を歌うことを知らせる。<br>・「今のお話しに出てきたくまさんの歌をみんなで歌いましょう」 |
| | | ・CDを聴いて、どんな曲かを知る。 | ・CDを聴いて、どのような曲なのかつかむことができるようにする。 |
| | | ○真似をしながら少しずつ歌う。 | ○ピアノの弾き歌いをする。<br>・前奏4小節を弾き、歌いだしのところで一緒に呼吸をして、歌いだしが一緒にできるようにする。<br>・保育者自ら大きな声、はっきりした口調で歌い、真似できるところは真似をして、少しずつ歌うことができるようにする。 |
| | | ○1番を通して歌う。 | ○1番の歌詞を通して歌うことができるように促す。 |
| 2分 | | 【まとめ】<br>○楽しかったことなどを話して、次回に期待をもつ。<br>・「明日は2番を歌う！」「楽しみだな」「早く2番も歌いたい」 | 【まとめ】<br>○1番を通して歌えたことを褒め、歌ったことに満足感をもつことができるようにする。<br>・「明日は2番を歌おうね」などの言葉で、次回に期待をもつことができるようにする。<br>・楽しかったことを共有し、活動を終える。 |
| | | ○次の活動へ移行する。 | ○次の活動を伝え、移行がスムーズにできるように促す。 |

## 【実施するときのポイント】

　実施にあたっては、導入では『かたつむり』などの既習の季節の歌を歌うことにより、季節感を感じるとともに、歌うことの気分を高めます。展開ではパネル

（3）5歳児クラス／季節のうたあそび

シアターによって話に興味をもたせ、歌うことへ発展させます。歌詞に物語があるので、話を聞いた後、5番までを一度の活動で全部歌い通すのではなく、「くまさんが駆けてきたところからは、明日また歌おうね。楽しみにしていてね」と、次回に期待をつなぎます。興味の持続を見取りながら活動を進め、切りあげのタイミングを見誤らないようにしましょう。5番まで歌い通すことができたときの達成感や満足感を大切にしたいものです。

　ピアノを得意としない実習生は、曲の全体像をつかむ場面では、CDなどの視聴覚機器を使うことで、負担や重圧を軽減することができます。歌うことに興味を示すことが少ない子どもには、パネルシアターを演じるときに、「みんなの声に合わせてくまさんが出てきますよ」などの言葉で歌の世界に興味をもたせ、「歌いたい」という気持ちを引きだします。また、本題材のように叙情性豊かな曲は、ただ大声で歌うのではなく、発達段階に即して声を合わせ、丁寧に歌う楽しさを味わうことが大切です。ピアノ伴奏が大きく鳴り過ぎると、子どもも声を張りあげがちになるので、ピアノの音量を考慮し、曲想を表現できるように練習しておきましょう。

**参考文献**
・吉田眞理／編著『教育実習 保育実習―幼稚園、保育所、認定こども園の実習に備えて―』青踏社、2012
・小田原短期大学保育学科『実習の手引き』2017
・古宇田亮順／監修『うたってかんたんパネルシアター』ひかりのくに、2016
・古宇田亮順／編『実習に役立つパネルシアターハンドブック』萌文書林、2009
・古宇田亮順／監修『ワンツーステップパネルシアター』大東出版社、2008

## Memo

## 言葉遊び（4）5歳児クラス　11月　部分実習指導案
### —言葉マップを楽しもう—

**【この指導案の特徴】**

　この部分実習は、園児が「聞く・話す・読む（見る）」、保育者（実習生）が「書く」と、4技能を使った活動です。また、友達が言った言葉ではない言葉を言う必要があるため、記憶力と考える力も同時に養おうとするものです。

　特にこの活動で特徴的なのは、小学校入学に向けて、文字を読むという読字習得につなげるための第一歩であるということです。ものには名称があり、それは文字で表されることを意識付けてください。

　この活動でいちばん重要なポイントは、子どもが知っている言葉（語彙）を多く引きだすことです。それを実現するには、保育者の発問の仕方と自由な発言を認める雰囲気づくりが大切です。そのためには、大人にとって関連しているとは思われない言葉であっても、発言した子どもにとっては関連語句であるということを実習生（保育者）は認識し、子どもの発言内容を否定せず、面白い発想だと認めていきます。

　言葉が出てこない子どもに対してはヒントを与えて、言葉を引きだすとよいでしょう。

　マップを使った活動の応用編として最初に出てきた語彙をさらに関連させて、言葉のつながりを子どもが意識していける活動があります。たとえば、第1段階であがった「ライオン」からさらに「大きい」「強い」「怖い」「茶色」などのようにイメージを広げていくという方法です。このようにマップを使った活動を重視する際は、【展開】の活動としてあげた『やおやのおみせ』（替え歌編）は省略してもよいでしょう。

　クラスの実情に合わせて、マップを用いた活動を重視するか、歌を歌う活動を重視するか選択してください。

---

### 部分実習指導案

実施日：（ 11 ）月（ 2 ）日（ 木 ）曜日
対象児：（ 5 ）歳児（ 16 ）名（ 男 7 名／女 9 名 ）
テーマ：　言葉マップを楽しもう

（4）5歳児クラス／言葉マップを楽しもう

◉ 主な活動内容 ◉
・マップを書き、言葉のつながりを感じる（マッピング）。
・身近な歌の替え歌を楽しみ、歌を歌いながら耳で聞いて、言葉を考える。

| ◉ 子どもの実態 ◉ | ◉ ねらい ◉ |
|---|---|
| ・就学時健診を終え、「小学生ごっこ」を楽しむなど、小学校入学に期待をふくらませている。<br>・表現力豊かに話す子どもが多い反面、自分の言いたいことがうまく言えない子どもがいる。 | ・テーマからイメージを広げ、言葉の広がりを楽しむ。<br>・友達とは違う意見を言うことで、考える力を養う。 |

| 時間 | 環境構成 | 予想される子どもの活動 | 保育者（実習生）の援助・配慮点 |
|---|---|---|---|
| 3分 | ホワイトボード<br><br>㋳<br>机　机<br>㋬<br><br>準備するもの：<br>・ホワイトボード<br>・ホワイトボードにかくペン（3色） | 【導入】<br>・もうじき行く、秋の遠足を楽しみにしている。<br>・動物園にいる動物や動物園にあるものをイメージする。<br>・前年度の遠足に行っておらず、とまどっている子どもがいる。<br>・「ぞう」「楽しかった」など発言する。 | 【導入】<br>◎「もうすぐ秋の遠足だね。場所は○○動物園です。去年の遠足も○○動物園に行ったから覚えているかな」<br>「では質問です。動物園にはどんな動物やものがあるかな？考えてみてね。先生が書いていくので、1人ずつ言ってね」と言い、ホワイトボードの真ん中に○を書き、中に「どうぶつえん」と書く。 |
| 15分 | （例）<br><br>モノレール　さる<br>ボート　どうぶつえん　ライオン<br>キリン　ふんすい<br><br>※動物の名前は黒ペンで、ほかのものは青ペンで書き、線は緑ペンで引くなど、色分けをする。 | 【展開①】<br>◎机ごとに、右回りに1人ずつ言っていく。<br>◎1つのグループが終わったら、もう1つのグループが答える。<br>・友達が予想外の言葉を発すると、笑う子どもがいる。<br><br>○できあがっていくマップを眺め、友達が言った言葉にも注目する。<br>・いろんな言葉があることを知る。 | 【展開①】<br>・言えない子どもには、ヒントを出すなど配慮する。<br><br><br><br>・「それ、面白いね」と褒め、決して否定せず、自由に言える雰囲気をつくる。<br><br>○動物の名前ばかりあがるなど偏っていたら、「先生はこんなことを思いついたよ」と、子どもがそれまでに言っていないような言葉を書き足す。<br>◎たくさんの言葉が出たことを褒める。「たくさんいろいろな言葉が出たね」 |

5.
言葉遊びの
部分実習指導案

121

5．言葉遊びの部分実習指導案

| 時間 | 環境構成 | 予想される子どもの活動 | 保育者（実習生）の援助・配慮点 |
|---|---|---|---|
| 10分 | | 【展開②】<br>◎『やおやのおみせ』の歌をアレンジし、歌詞を変えて歌う<br>・歌ったことがあるので思いだせる子どもと思いだせない子どもがいる。<br>①『やおやのおみせ』を歌う。<br><br>②「どうぶつえんのどうぶつ」と歌詞を変え、同じメロディーで歌う。 | 【展開②】<br>◎「たくさん、動物の名前や動物園にあるものがあったね。では、今から歌を歌いながら、動物園にいる動物や、動物園にあるものを答えていきましょう。『やおやのおみせ』の替え歌です。覚えてるかな」<br>・メロディーが分からない子どもがいるので、まずは歌詞を変えないで、歌う。<br>◎「じゃあ、次は、『やおやの　おみせに　ならんだ　しなもの　みてごらん』のところを、『どうぶつえんにいる　どうぶつ　なんでしょう』に変えて、動物園にいる動物を言いましょう」 |
| | ・拍手をすることで拍（モーラ）を意識する。<br><br>※子どもたちの様子を見ながら、②の活動で十分な様子なら③には進まず、②の活動のみで終了する。進め方は、②「どうぶつえんのどうぶつ」を歌いながら2～3周し、1人2～3個の言葉を言う。もしくは、歌うスピードを少し速くするなど、集中できるよう工夫をする。 | ◎音の数<br>※③②の活動をアレンジし、答えた言葉の文字数だけ拍手をする。<br>・3文字以上は少し早く拍手をしなければならないと気づく。<br>・「うさぎ」と言いながら、3つ拍手をする。 | ◎音の数<br>・「今のより、もっと難しくなりますよ。次は、『ぞう』だったら、ぞ・うと2文字だから拍手を2回します。『うさぎ』だったら、う・さ・ぎと3つだから拍手を少し急いで3回してね。『ライオン』だったら、急いでパンパンパンパンと4回だよ」<br><br>・上手に活動できたことを褒める。 |
| 2分 | | 【まとめ】<br>・遠足を楽しみに、今回の活動を終える。 | 【まとめ】<br>◎「動物園に行ったら、みんなが答えてくれた動物やものがあるか見てみましょう。とても楽しみだね」と言い、締めくくる。 |

## 【実施するときのポイント】

　『やおやのおみせ』替え歌バージョンでは、テーマを変えることにより、様々な事柄に対応できます。活動に慣れてきたら、「春」や「小学校」のように抽象的な言葉や、未知のことをイメージして言ってもらうのも面白いでしょう。

以下、参考までに指導案で示した①から③の活動における歌詞案を示しておきます。

・「やおやの　おみせ」の歌詞　参考：①の活動で歌う歌
　やおやの　おみせにならんだ　しなもの　みてごらん
　よくみてごらん　かんがえてごらん
　（例）きゅうり　パンパン（拍手）キャベツ　パンパン（拍手）
　　　　ポテチ　ブッブー（手で×をつくる）

・「どうぶつえんの　どうぶつ」の歌詞　参考：②の活動で歌う歌
　どうぶつえんに　いるどうぶつ　あるもの　なんでしょう
　よくみてごらん　かんがえてごらん
　（例）ぞう　パンパン（拍手）うさぎ　パンパン（拍手）
　　　　きょうりゅう　ブッブー（手で×をつくる）　ボート　パンパン（拍手）

・「どうぶつえんの　どうぶつ」の歌詞　参考：③の活動で歌う歌
　どうぶつえんに　いるどうぶつ　あるもの　なんでしょう
　よくみてごらん　かんがえてごらん
　（例）ぞう　パンパン（拍手）うさぎ　パンパンパン（拍手）
　　　　ライオン　パンパンパンパン（拍手）ボート　パンパンパン（拍手）

Memo

5．言葉遊びの部分実習指導案

# 言葉遊び（5）5歳児クラス　12月　部分実習指導案
## —かるたあそび—

【この指導案の特徴】

　お正月という年中行事について理解を深めます。保育者の説明や質問を通して、お正月が一年の始まりであることを確認し、お正月にはどのようなことをするのか（お雑煮を食べる、お年玉をもらう、羽子板遊び、コマ回し、福笑い、凧あげなど）を共有します。

　本活動の「かるた遊び」は、「お正月遊び」です。「かるた」という言葉遊びを通して、言葉や字に興味をもったり学んだりします。かるた遊びは、保育者が読みあげる声を聞き、その言葉に関連する言葉や絵を連想しながら札を探して素早く取る遊びです。子どもたちが保育者の読み札を読む声を聞くことは、言葉のリズムを楽しみながら他者の言葉を聞こうとする意欲を養うことにつながります。また、「取った札の数を競う」というゲーム性を通して、取り札に書かれたひらがなを理解しようとする態度も育まれます。

## 部分実習指導案

実施日：（ 12 ）月（ 10 ）日（ 木 ）曜日
対象児：（ 5 ）歳児（ 30 ）名（ 男 15 名／女 15 名 ）
テーマ：かるたあそび

| ● 主な活動内容 ● |
|---|
| ・「かるた」が「お正月遊び」であることを理解する。 |
| ・「かるた遊び」を楽しみながら、言葉や文字に興味をもったり学んだりする。 |

| ● 子どもの実態 ● | ● ねらい ● |
|---|---|
| ・子どもたち同士の遊びの中で「しりとり遊び」が流行っている。<br>・字にも少しずつ興味をもってきている。 | ・「かるた」を通して日本伝統の言葉遊びに興味をもつ。<br>・ひらがなに興味をもち、使ってみようという意欲をもつ。 |

| 時間 | 環境構成 | 予想される子どもの活動 | 保育者（実習生）の援助・配慮点 |
|---|---|---|---|
|  | ・椅子と机は事前に教室の脇に片付けておく。 | ○保育者のまわりに扇形に座る。 | ○保育者のまわりに扇形に座るよう伝える。 |

124

（5）5歳児クラス／かるたあそび

| 時間 | 環境構成 | 予想される子どもの活動 | 保育者（実習生）の援助・配慮点 |
|---|---|---|---|
| 10分 | | 【導入】<br>・12月が終わるとお正月が来ることを保育者に伝える。<br><br>・「凧あげ」「すごろく」など、いろいろなお正月遊びを言う。<br><br>○かるた遊びのルールを確認する。<br>・ルールをよく聞いている。<br><br><br><br><br><br>・手を膝に置く。 | 【導入】<br>・12月が終わったらすぐにくる行事（お正月）を尋ねる。<br>・お正月がどのような行事であるか説明する。<br>・子どもたちが知っているお正月遊びを尋ねる。子どもたちが答えやすいようにお正月遊びが連想されるジェスチャーを入れる。<br>○かるた遊びのルールを確認する。<br>・保育者が読む読み札の頭文字が書かれた取り札を取る遊びであることを説明する。文字を読むことが苦手な子は、取り札の絵に注目してみると分かることを伝える。<br>・お手付きについて説明する。<br>・両手を膝に置いて、待つように伝える。 |
| 30分 | | 【展開】<br>・保育者の指示を聞き、2グループに分かれ、円をつくる。<br><br><br><br>・円の内側に取り札を並べる。<br><br><br><br>○かるた遊びを練習する。<br>・子どもは円形に座る。<br>・手は膝に置く。<br>・保育者が読み札を読むのを聞く。<br>・取り札を取る。<br>○かるた遊びを楽しむ。<br>・子どもは円形に座る。<br>・手は膝に置く。<br><br><br><br>・保育者が読み札を読むのを聞く。<br>・取り札を取る。<br>・取った取り札をなくさないように気を付ける。 | 【展開】<br>・子どもたちを2グループに分ける。<br>・2つに分けた子どもたちを誘導し、大きな円を2つつくる。<br><br>・子どもと一緒に取り札を円の内側に並べる。取り札が平等にまんべんなく並べられているかに留意し、偏りがあった場合は保育者が整える。<br>・何度か練習することを子どもたちに伝える。<br><br><br>・読み札の最初の文字を強く読む。<br><br><br><br><br><br>・読み札を読む前に、手は膝に置く準備ができているかを確認する。早く準備ができた子を褒める。<br>・読み札は2回読む。最初の文字を強く読む。<br>・子どもたちが取った読み札が正しいか確認する。 |

※かるたの向きはバラバラにする。

5. 言葉遊びの部分実習指導案

5．言葉遊びの部分実習指導案

| 時間 | 環境構成 | 予想される子どもの活動 | 保育者（実習生）の援助・配慮点 |
|---|---|---|---|
| | | | ・札を取ることが苦手な子や、みんなの勢いに押されて萎縮している子には「字を見つけてみようね」「絵を見て考えてみようね」などと声かけをする。<br>・取り札の配置に偏りができていないか適宜確認し、必要であれば保育者が整理する。 |
| | | ○取った取り札を数える。<br>・保育者の話を聞く。<br>・座ったまま取った取り札を手に持ち、保育者の声に合わせて1枚ずつ前に置いていく。 | ・保育者の声に合わせて取り札の数をみんなで数えることを伝える。<br>・保育者の声に合わせて1枚ずつ前に置いていくことを伝える。<br>・自分の取り札を全て手に持つように伝える。<br>・大きな声でゆっくり数を数える。子どもたちが付いてきているか常に留意する。 |
| 5分 | | 【まとめ】<br>◎グループのチャンピオンとクラスのチャンピオンに拍手をする。<br>・保育者の話を聞く。<br><br>・取り札を保育者の元に持っていく。 | 【まとめ】<br>◎グループおよびクラスのチャンピオンを褒め、拍手をする。悔しがる子たちに「惜しかったね」「よく頑張ったね」と声をかける。<br>・「また、かるた遊びしようね。みんなで楽しもうね」と語りかけ、次回の活動に期待をもたせる。<br>・グループごとにかるたの片付けをするように促す。 |

## 【実施するときのポイント】

　「ゲームの楽しさの中で言葉や字への理解を深める」ためには、子どもたちが楽しめる環境づくりが重要となります。そのため、札を探しだし素早く取ることに対する子どもたちの期待を高めるための工夫（説明時に保育者が実践して喜んで見せるなど）が必要です。

　また、子どもたちの札を取る機会を均等にするためにも「手は膝に置く」という準備態勢を徹底させ、取り札の方向もバラバラに並べることに努めてください。

　「かるた遊び」はゲーム性の高い遊びであるため、興奮してまわりが見えなくなる子が出てくる可能性が考えられます。そのままゲームを続けると怪我につながる場合があるため、興奮している子には深呼吸をさせたり手を握ったりして、

（5）5歳児クラス／かるたあそび

落ち着かせる必要があります。

　一方で、「かるた遊び」が苦手な子や、周囲の勢いに萎縮して動けない子に対する配慮も重要です。ひらがなを読むことが苦手な子には「絵を見て探してみようね」「知っているひらがなを狙ってみようね」などと声をかけ、萎縮して動けない子には「札を取るのが少し怖いかな？まずは先生が読んだ札がどこにあるか、目で探してみようか」などと声をかけ、個別性に配慮していきます。

## Memo

## 5．言葉遊びの部分実習指導案

Memo

# 6. 生活場面の部分実習指導案

　園での生活の流れは、活動のかたまりの時間と間の時間が組み合わされて計画されています。活動の内容によって、「生活の場面」「好きな遊びの場面」「クラス全体の活動の場面」などに分けられます。実習生が部分実習を行うときには、「設定された時間と場所で、クラス全体の活動を行う」ということが多いでしょうが、教育実習の一日責任実習では、子どもたちが登園してから降園するまでの時間を実習時間として実習を行います。ですから、片付け、手洗い、うがい、移動、排泄、身支度、食事など活動と活動の間の「生活の場面」も実習の中に含まれます。生活の時間も、責任実習では、計画の中に含め、実習計画を立てる必要があります。

## 6．生活場面の部分実習指導案

## 【生活場面の実習指導案の書き方】

　園での生活の流れは、活動の「かたまりの時間」と「間の時間」が組み合わされて計画されています。活動の内容によって、「生活の場面」「好きな遊びの場面」「クラス全体の活動の場面」などに分けられます。実習生が部分実習を行うときには、「設定された時間と場所でクラス全体の活動を行う」ということが多いでしょうが、教育実習の一日責任実習では、子どもたちが登園してから降園するまでの時間を実習時間として実習を行うことになっています。保育実習でも、何時間かまとまった時間をクラスの担任の役割を担い、責任をもって子どもの保育を行います。

　そのとき、重要になるのが保育の流れです。活動と活動の間がスムーズに移行し、1つの活動の始まりと終わりが明確であることが、子どもたちにとって、分かりやすい環境設定といえます。

## 【生活に関する活動を教材にした部分実習指導案の考え方】

　基本的な生活習慣の形成の場面は、子どもが自ら見通しをもって、生活をしていく場面です。○○遊びや○○ごっこのような遊びの場面とは異なり、毎日毎日の生活の中で、一つ一つの行動を身に付けていくということになります。たとえば、手を洗う、片付ける、身支度をするなどの場面ですから、その活動の意味を伝え、やり方を教えていくような保育者の言葉がけや援助が必要です。

　この指導案は、朝の登園からクラスのメンバーが揃い、朝の会を行うところまでを取りあげています。前半の身支度は、生活習慣形成の場面で、個々の家庭での生活経験や物事への取り組みなどから、子どもへの個別の関わりが求められていきます。その後の遊びの場面は、子どもたちそれぞれが自分で遊びを見付けていく主体的な行動を援助していきます。また、遊びを切りあげ、片付けて次の活動を行うには、子どもの気持ちの切り替えを把握したり、遊びの高まりの様子などにも配慮していくことが必要です。

（1）４歳児クラス／朝の始まり

## （1）朝の活動　４歳児クラス　12月　部分実習指導案
### —朝の始まり—

### 部分実習指導案

実施日：（ 12 ）月（ 6 ）日（ 火 ）曜日

対象児：（ 4 ）歳児（ 20 ）名（ 男 10 名／女 10 名 ）

テーマ：　朝の始まり

---

◉ 主な活動内容 ◉

・朝の時間の活動
1. 荷物の片付け、シール貼り、身支度を行う。
2. 好きな遊びを見付け、進んで遊ぶ。
3. 片付けと朝の会。

---

| ◉ 子どもの実態 ◉ | ◉ 活動のねらい ◉ |
|---|---|
| ・クリスマスの行事に向けて、劇の練習をしている。昆虫の衣装や道具をつくって、グループで練習している姿がある。対戦が本気になりトラブルもあるが、自分たちで解決しようとしている。外遊びでは長縄跳びに挑戦している。<br>・自分のことは自分でしようとし、友達を手伝うなどの様子が見られる。 | ・次の遊びや活動を見通して、自分のことは自分でしようとする。<br>・友達と思いを出し合いながら、行事に向けて活動する。 |

| 予定の時刻 | 環境構成（活動の内容） | 予想される子どもの姿 | 保育者（実習生）の援助・配慮 |
|---|---|---|---|
| 50分 | 【登園】<br>・身支度。<br>・シールを貼る。<br>・好きな遊びをする<br>　（ままごと、ブロック、電車ごっこ、折り紙、粘土、製作などのコーナーを準備）。<br>・製作物を準備する。 | 【登園】<br>・「おはよう」と挨拶する。<br>・園服を脱ぎ、カバンをかけるなど身支度をする。<br>・シールを貼る<br>・身支度しないで遊び始める子もいる。<br>・それぞれに好きな遊びをする。<br><br>・自分の遊びが見つからない子もいる。<br>・実習生と一緒にクリスマスの製作物をつくる子どももいる。 | 【登園】<br>・今日もたくさん遊ぼうねという気持ちで一人一人に挨拶する。<br><br><br>・身支度がまだな子どもには声をかける。<br>・ブロック遊びの場所にゴザを敷く。<br>・粘土や折り紙などに着席して取り組めるよう場所（机）を用意する。<br>・遊びが見つからない子には寄り添い、一緒に遊びを探す、遊びに誘う。<br>・クリスマスの製作物などを子どもと一緒につくる。 |

6. 生活場面の部分実習指導案

## 6．生活場面の部分実習指導案

| 予定の時刻 | 環境構成（活動の内容） | 予想される子どもの姿 | 保育者（実習生）の援助・配慮 |
|---|---|---|---|
| 15分 | 【片付け】<br>・片付ける場所を明確に安全に気を付ける。 | 【片付け】<br>・自分が遊んだ場所を片付ける。<br>・まだ遊びたい子もいる。<br>・片付ける場所が分かり、元の場所に入れていく。<br>・友達と一緒にものを整理する。<br><br>・紙など「もったいない」と言いながら、箱に入れていく。 | 【片付け】<br>・そろそろ片付けることを知らせる。「10時に集まりをします」「9時50分になったら片付けましょう」<br><br>・片付けると気持ちのいいことやものを大切にと伝えながら、保育室全体を整える。<br>・片付けたら、「次は朝の集まりだよ」と伝える。 |
| 15分 | 【朝の集まり】<br>・出席確認。<br>・お当番の確認。<br>・今日の予定を伝える。 | 【朝の集まり】<br>・どこに座るのか困る子どもがいる。<br>・ゆずりあったり、友達を呼んだりして丸く座る。<br>・保育者の話を聞く。<br>・呼ばれたら大きな声で返事をする。「はい」<br>・「○○ちゃん」<br>・当番は前に出てくる。<br>・名前を言う。「僕はお当番の○○です」<br><br><br>・「パンジーって？」と聞く子がいる。「いろいろな色があるよ」「知ってるよ」「花壇に植えるの？」など話す。<br>・当番は苗を持って前に立つ。<br>・触ってみたくなる子どもがいる。<br><br>【まとめ】<br>・帽子をかぶり、外に行く支度をする。 | 【朝の集まり】<br><br>・集まる形を伝える。<br>・「丸く座りましょう」と伝える。<br><br><br>・名前を呼び、出席を確認する。<br><br>・欠席の友達の確認する。<br>・当番を紹介し、前に出てくるように伝える。<br><br><br>・「今日はこれからパンジーを植えます」と話す。<br>・「パンジーを知っていますか？」と言いながら苗を見せ、当番に持っていてもらう。<br>・「パンジーは園庭に植えるので外に行きましょう」と言う。<br><br><br><br>【まとめ】<br>・帽子をかぶり、外へ行こうと伝える。 |

（1）4歳児クラス／朝の始まり

## 【実施するときのポイント】

　子どもたちが登園してくる前に、朝の時間の遊びの環境を整えます。前日の遊びの種類や遊びの様子を考え、また、今日取り組みたい活動の用意をしておきます。ただし、子どもたちが自分たちで遊び始めていくことが大切ですから、「何をしたいのか」「どこでしたいのか」を聞き取りながら、一緒に、場所をつくっていきましょう。継続した取り組みになるように、ブロックやままごとは前日と同じ場所を設定します。身支度やシール貼りは個人差の出やすい活動ですから、一人一人の取り組みの様子を見て援助をします。4歳児クラス12月の活動ですから、身支度はほとんど自分でできると予想されます。

　朝の会の前に片付けをします。片付けの前に予告をしておくと、子どもたちが見通しをもちやすいといえます。

　責任実習の指導案を立てるときに、移動や集合のタイミングや伝え方を考えておくと、もたもたしないで、子どもたちに「次は○○だから、○○しましょう」と声かけができます。4歳児クラスですから、排泄などは一斉に行かなくても、自分で行けると思い、あえて皆で行こうという計画にはしていませんが、誰がトイレに行っているかは気にしていましょう。4歳児も後半で、自分のことは自分でしようとする気持ちが育っていて、保育者の指示も言葉で把握して次の活動に取り組めるでしょうが、遊んでいると全体に一回言っただけでは伝わらない子には、コーナーごとに「お片付けだよ」と声をかけていきます。パンジーの説明がうまくいくよう、写真を提示するなどの工夫が必要かもしれません。

## Memo

**6.**
**生活場面の**
**部分実習指導案**

## (2) 朝の活動　5歳児クラス　11月　部分実習指導案
### ―見通しをもって1日を始めよう―

【この指導案の特徴】

①　責任実習に向けての部分実習の考え方

　園での生活の流れは、活動の「かたまり」の時間と「間」の時間が、組み合わされて計画されています。活動の内容によって、「生活の場面」「好きな遊びの場面」「クラス全体の活動の場面」等に分けられます。実習生が部分実習を行うときには、「設定された時間と場所でクラス全体の活動を行う」ということが多いでしょうが、教育実習の一日責任実習では、子どもたちが登園してから降園するまでの時間を実習時間として、実習を行うことになっています。保育実習でも、何時間かまとまった時間をクラス担任の役割を担い、責任をもって子どもの保育を行います。

　その時、重要になるのが保育の流れです。活動と活動の間がスムーズに移行し、一つの活動の始まりと終わりが明確であることが、子どもたちにとって、分かりやすい環境設定といえます。

②　園における基本的生活習慣形成の活動のねらい

　幼稚園教育要領、保育所保育指針、および幼保連携型認定こども園教育・保育要領の全ての第1章総則の中に「生涯にわたる人格形成」または、「生涯にわたる人間形成」という言葉が書かれています。子どもたちは、生涯にわたる人格形成の基礎を培う重要な時期を幼稚園・保育所・認定こども園で過ごしています。園における基本的生活習慣形成もその人格形成における重要な部分です。

　子どもたちの大切な時間である保育の計画を立てるということは、共に生活する子どもたちも見通しをもち、安心して過ごせるためのものです。計画を立てることで保育者自身も見通しをもって保育できるという心のゆとりが生まれます。全ては子どもたちの最善の利益の為に保育者は、何ができるかということを考えるということが大切になります。

③　この指導案の特徴

　この指導案は、朝の登園から遊びを見つけるところ、園庭遊びに出るところまでを取り上げています。この指導計画案のもとになったのはA園での保育です。A園は、「遊びの中に学びがある」とし、遊びを保育の中心におき自由保育に近い保育所です。日々に流れは日課を大切にし、同じ時間に同じ生活を送ることを基本としています。

　前半の身支度は、年長児なのでそれまでの生活習慣形成の積み重ねが表れます。

（2）５歳児クラス／見通しをもって１日を始めよう

前日の降園から、その日の登園までの個々の家庭での出来事などから、子どもたちの心持ちが登園時に見受けられることもあるので、朝の受け入れは特に丁寧にしていきたいところです。子どもたちの表情、保護者との関わり方、言葉遣いなど注意深く見ていく必要があります。必要であれば、個別の関わりが求められるでしょう。その後の遊びの場面は、子どもたちそれぞれが自分で遊びを見つけていく主体的な行動を援助していきます。遊びを楽しみに登園してくる子ども、なかなか遊びたい気持ちに切り替わらない子どもと様々です。声をかけたり、気持ちに寄り添ったりする行動が大切であり、生活の切り替え時に、子どもたちの気持がどのように変化しているのか考えながら関わることが必要となります。

## 部分実習指導案

実施日：（ 11 ）月（ 14 ）日（ 火 ）曜日
対象児：（ ５ ）歳児（ 23 ）名（ 男 14 名／女 ９ 名 ）
テーマ： 朝の活動—見通しをももって

◉ **主な活動内容** ◉
・朝の時間の活動
1. 登園、身支度。
2. 好きな遊びを見つけ、遊ぶ。
3. 片付け、園庭にて体を動かし（サーキット）、園庭遊び。

| ◉ 子どもの実態 ◉ | ◉ ねらい ◉ |
|---|---|
| ・集団遊びでは、けん玉などの個々の遊びにおいても、やりとげた達成感を感じている姿が見られる。<br>・できたことを喜び合う姿や相手の状況を見て、手助けをしようとしている。<br>・朝の活動をしはじめるまで時間のかかる子どももいる。 | ・次の遊びや活動を見通して、時間を意識し、声をかけ合い、日課の流れで生活をしようとする。<br>・身の回りのことに気付き、自分たちでしようとする。 |

| 時間 | 環境構成 | 予想される子どもの活動 | 保育者（実習生）の援助・配慮点 |
|---|---|---|---|
| 45分 | 【登園】<br>・身支度<br>・好きな遊びをする<br>　（積み木、レゴ、絵本、マンダラ塗り絵、ままごと等）。 | 【登園】<br>・「おはよう」とあいさつする。<br>・コップを出す、着替えを補充する、カバンを掛けるなど身支度をする。<br>・身支度しないで遊びはじめる子どももいる。 | 【登園】<br>・保護者と子どもたちにあいさつをする。<br>・子どもたちが入室してきたときには一人一人の様子を注意深く見る。<br>・身支度がまだな子どもには声をかけ、援助が必要か見守るか考える。 |

6. 生活場面の部分実習指導案

## 6．生活場面の部分実習指導案

| 時間 | 環境構成 | 予想される子どもの活動 | 保育者（実習生）の援助・配慮点 |
|---|---|---|---|
| | | ・それぞれに好きな遊びを見付ける。<br><br>・なかなか遊びはじめられない子どももいる。<br><br>・実習生を遊びに誘う子どももいる。 | ・遊びはじめる様子を見て、場所を設定し、玩具や素材を出す。<br><br>・遊びが見つからない子どもには寄り添い、一緒に遊びを探し、遊びに誘う。<br>・ごっこ遊びでは役になりきり、遊びの展開のきっかけとなる。 |
| | ・前日の遊びの様子から、好きな遊びが展開できるようにコーナーや素材など必要な環境を用意する。 | | |
| 15分 | 【片付け】<br>・いつもと同じ場所に戻す。<br>・そのまま取っておきたいものは、保管しておく。 | 【片付け】<br>・「9時半って、6？」と聞く子どもがいる。<br>・自分が遊んだものを片付ける。<br>・まだ遊びたい子どももいる。<br>・いつもと同じ場所に戻す。<br><br>・「このままとっておきたい」と言う子どもがいる。 | 【片付け】<br>・「9時半になった」「45分になったら片付けようね」と言う。<br>・子どもたちの遊びを見ながら「そろそろ長い針が9になりそうだね」と伝え、時間に意識が向くように促す。<br>・子どもたちと一緒に玩具を元の場所に戻す。<br><br>・「このまま取っておきたい」と言われたときに一緒に置いておく場所を考える。 |
| 60分 | 【園庭で遊ぶ】 | ○園庭遊びの身支度をする。<br>・帽子をかぶる。<br>・トイレに行きたい子どもは行く。<br>・靴を履き、テラスに座る。<br>・友達との話に夢中になり、保育者の説明が耳に入らない子どももいる。 | ○園庭で遊ぶ<br>・「園庭に出よう」と声をかけながら、トイレに向った子どもにも目を配る。<br><br>・テラスに座った子どもの人数を確認する。<br>・欠席の子どもを伝える。<br>・室内に戻る時間を伝える。 |
| | 【サーキット遊び】<br>（うんてい→鉄棒→タイヤ飛び→園庭を一周走る）。 | ○サーキット遊び<br>　サーキットで身体を温めてから園庭にて遊ぶ。<br>・順番にサーキットの固定遊具に挑戦する。<br>・危なくないように距離を取ろうとする。 | ・サーキットの流れを説明する。<br>・全員がサーキット遊びをしているか目を配る。<br>・各遊具で挑戦している子どもに声かけをする。 |

（2）5歳児クラス／見通しをもって1日を始めよう

| 時間 | 環境構成 | 予想される子どもの活動 | 保育者（実習生）の援助・配慮点 |
|---|---|---|---|
| | 【自由遊び】<br>・その後、好きな遊びで園庭遊びをする。 | ○自由に遊ぶ<br>　その後、好きな遊びで園庭遊びをする。 | ○園庭で自由に遊ぶ<br>・子どもたちが困っていたら、その子どもがどうしたいのかを聞く。<br>・必要であれば手を貸す。 |

## 【実施するときのポイント】

　子どもたちが登園してくる前に、部屋を整え気持ちよく朝の時間を過ごせるようにしていきます。絵本の棚の整理、各コーナーの玩具に壊れそうなものはないかなど注意深く見ます。子どもたちが「昨日の続き」で遊びはじめるのか、今日から新たに遊びを見付けて遊びはじめるのか、登園してきた子どもと会話をしながら一人一人の一日の始まりに配慮していきます。身支度が得意ではない子どもにも寄り添いながら「できた」という達成感を味わえるように援助します。これまでの積み重ねがあるからできて当然という捉え方ではなく、その子どもがやろうとしていることをしっかり見ながら関わります。

　園庭には毎日同じ時間に出るので、遊びの様子を見ながら時計を見ることを促していきます。遊びを一度中断して園庭に出ることが難しい子どもには、無理強いをせず室内に戻ってきたら必ず続きができるということを伝えて「遊びの保障」をしてあげるといいです。

　責任実習の指導案を立てるときに、日課としていつも変わらないことを大切に考えます。おもちゃを戻す場所や園庭に出る時間は毎日の日課として変わらないので、子どもたちの日々の流れに声かけをしすぎてしまうことによって、邪魔にならないように配慮します。サーキットの遊具配置は、いつも担任の先生が行う配置と変えることで、子どもたちが新鮮な気持でできることをねらいとします。達成感を味わうことを喜びに感じている子どもが多いので、担任の先生がされていたように、できる限り見守りながらその子どもがどうしたいのかという事を聞いて、手が必要であれば貸すようにします。

6. 生活場面の部分実習指導案

## （3）ホールへの移動と遊び　2歳児クラス　2月　部分実習指導案
### ―いつもと違う場所で知っている遊び―

【この指導案の特徴】

　この指導案は、自分のクラスから他の場所に移動して活動するときの指導案です。責任実習を考えるときには活動から活動への移動の時間をどのように計画していくのかが、一つのポイントです。つまり、保育者が活動と活動の「間」を意識化することで、保育の流れがスムーズになります。

　今回は、2歳児保育室から3階のホールまでは、階段の上り下りがあるのでその場面でけがの無いようにするには、どのような関わりが必要かを考えていきます。

　2歳児の成長発達段階として「ジブンでやりたい」「手伝わないで欲しい」という自我が芽生えているので、階段の上り下りも必ずしも、スムーズに手を繋いでくれるとは限らないことを予想しておくことがよいでしょう。そのときの言葉の援助として、どのように声をかけるかの心づもりがあると、実習が落ち着いてできます。

　この時期の発達過程として、保育者や他の子どもの遊びを模倣したり、遊具の取り合いからケンカになったりする事もある。言葉の理解が進む中で、徐々に友達に譲ったり、順番に使ったりすることなど、決まりを守ることを覚えはじめる時期でもあります。

### 部分実習指導案

実施日：（ 2 ）月（ 7 ）日（ 水 ）曜日
対象児：（ 2 ）歳児（ 13 ）名（ 男 6 名／女 7 名 ）
テーマ：　ホールでの自由遊びからいす取りゲームへ

● 主な活動内容 ●
・ホールにて自由遊び。
・いす取りゲームをする。

| ● 子どもの実態 ● | ● ねらい ● |
|---|---|
| ・個々で、好きな遊具で遊ぶ。<br>・遊び等で保育者の真似をしようとする姿が見られる。<br>・部屋では、いす取りゲームのやり方を理解し、皆でやることを楽しんでいる。 | ・広い空間で思いきり身体を動かす。<br>・おもちゃを貸したり借りたりする。<br>・簡単な集団遊びを楽しむ。 |

(3) 2歳児クラス／いつもと違う場所で知っている遊び

| 時間 | 環境構成 | 予想される子どもの活動 | 保育者（実習生）の援助・配慮点 |
|---|---|---|---|
| 40分 | 2歳児クラスからホールへ移動。<br>・救急セット持参<br>・水筒の入ったかごを先にホールに運んでおく。 | ○ホールへ移動。<br>・一列に並んで階段を上る。<br>・前の子どもを抜かそうとする子どももいる。<br>・段差を慎重に上る子どももいる。 | ○ホールへ移動する。<br>・「ホールに行きましょう」と声をかけ、「階段を上っていくよ」と階段を強調して話す。<br>・階段でけがのないよう子どもたちの速さを合わせて上る。 |
| | ホール内倉庫にある遊具（コンビカー、フラフープ、ボールなど）を用意する。 | ○ホールで好きな遊びをする。<br>・座ってホールの遊具を見て、何で遊ぼうか興味をもつ。<br>・「これがよかった」「ジブンでやる」と自己主張が見られる。 | ○ホールで好きな遊びをする。<br>・ホールの入り口に座る。<br>・歌を歌ったり、手遊びなどをしたりして、ホールで遊ぶことを伝える。<br>・ホールにある遊具の説明をする。 |
| | トイレはホール内のトイレに行く。 | ・保育者が遊んでいる姿を真似する。 | ・保育者と連携を取り、子どもたちを遊びに誘う。<br>・見守るだけでなく、率先して遊びの展開をしながら子どもたちと遊ぶ。<br>・「やったー」「ドキドキするね」「楽しい」など、子どもの気持ちを代弁し汲み取りながら、気持ちを言葉にする。 |
| 25分 | のどの乾いた子どもは水筒の飲み物を飲む。 | ○水分補給<br>・自分の水筒を探して飲む。 | ○水分補給<br>・声をかけて水筒での水分補給を促す。 |
| | ・いすを円形に並べる。 | ◎いす取りゲーム<br>・「何が始まるのか」と近くに来る。<br>・「やりたい！」といす運びを手伝う子どもがいる。<br>・いす取りゲームを喜んで始める。<br>・いすの感覚が部屋とは異なり、きょろきょろする子どもがいる。<br>・いす取りゲームでいすに座れなかった子どもが泣き出す。<br>・座れなかった子どもはゲームを見守る。 | ◎いす取りゲーム<br>・いすを準備する。<br>・「お部屋より広いね」と場所を意識できるよう声をかける。<br>・子どもたちに「いす取りゲームやろうかな？」と声をかける。<br>・「音楽・歌がなったら歩いて、止まったらいすに座りましょう」とゲームのルール説明をする。<br>・「お部屋でもやりましょうね」と慰めて、「応援のお友達は個々に座ろう」と促す。 |

6.
生活場面の
部分実習指導案

## 6．生活場面の部分実習指導案

| 時間 | 環境構成 | 予想される子どもの活動 | 保育者（実習生）の援助・配慮点 |
|---|---|---|---|
|  | ホールから部屋に戻る。 | ・友達を応援する。<br><br>・一列に並び階段を降りる。<br>・前の子どもを抜かそうとする子どももいる。 | ・最後まで残った子どもを「○ちゃんがチャンピオンです」「応援もありがとう」と紹介する。<br>・「ゆっくりでいいよ」と声をかけ、その子どもに合わせて階段を下りるようにしていく。<br>・順番に下りるよう声をかける。 |

### 【実施するときのポイント】

　いす取りゲームでも、「ルールを守って遊ぶことで遊びが成立する」という経験を繰り返し、共通のイメージをもって遊びを楽しむようになっていきます。また、保育室ではなく環境が変わることで興奮することもあると思うので広々した中央ではなく、子どもたちが自由遊びをしている中で、保育者と共に隅の方に準備するのもよいでしょう。興味を示す子どもをきっかけに次々に子どもたちを誘い、いつも楽しんでいることをここでやってみようと提案していく方法を示しました。予想される子どもの姿として、悔し涙を流す子どもやもう一回やりたいという子どももいるので時間配分は余裕をもって指導案を立てるとよいでしょう。「負けるときも勝つときもあるよね」というような声かけができるといいですね。

（4）２歳児クラス／何でも食べよう

## （4）食事の時間　２歳児クラス　７月　部分実習指導案
### ―何でも食べよう―

### 【この指導案の特徴】

　「食事の場面」の指導案です。責任実習では必ずこの時間があります。弁当、自園給食、外部給食など、園により異なりますが、この指導案では自園給食です。食事の時間は始まりの準備から終わりの片付け、あるいは歯磨きまで含めると、１時間強の活動になります。かなりの割合です。弁当の場合は、自分で支度をする時間、自園の給食は「配膳」の時間を入れます。外部給食の場合は、準備の時間が短いです。

　また食べるという個人の活動でありながら、皆で食べるという集団での活動でもあり、個人差が出やすい活動です。ですから、全体と個を意識し、待つ時間への配慮や指導、個々の子どもへの促しや声かけなど、指導案に盛り込んでいきましょう。

---

### 部分実習指導案

実施日：（　７　）月（　７　）日（　水　）曜日

対象児：（　２　）歳児（　８　）名（　男　４　名／女　４　名　）

テーマ：　何でも食べよう

#### ● 主な活動内容 ●
・手洗い、コップの準備を自分でする。
・野菜の名前をあてっこするなど、食材に興味をもち、何でも食べようとする。

| ● 子どもの実態 ● | ● ねらい ● |
|---|---|
| ・自分で食べようとする意欲がある。<br>・硬いものが苦手な子やよく噛まない子どももいる。<br>・食材の名前を憶え、「わかめ」「にんじんさん」など親しんでいる。<br>・食事の前の手洗いが習慣になり、喜んで手を洗っている姿がある。 | ・食事を楽しみに、進んで準備をする。<br>・季節の食材に興味をもち、何でも食べようとする。 |

| 時間 | 環境構成 | 予想される子どもの活動 | 保育者（実習生）の援助・配慮点 |
|---|---|---|---|
| 20分 | | ・給食の前に排泄をする。<br>【導入】<br>◎自分で準備をする。 | 【導入】<br>◎給食の準備をする。 |

6. 生活場面の
部分実習指導案

141

**6．生活場面の部分実習指導案**

| 時間 | 環境構成 | 予想される子どもの活動 | 保育者（実習生）の援助・配慮点 |
|---|---|---|---|
| 50分 | | ○手洗い<br>・手を洗う（せっけん、すすぎなど自分で洗う）。<br>・泡を楽しみ、なかなか終わらない子もいる。<br>・コップを持って自分の席に座る。<br>・消毒してもらう。<br>○メニュー<br><br><br>・子どもは食材の名前「豆腐」「にんじん」など真似して言う。<br><br>○配膳<br>・「大盛」「少し」など答える。<br><br>【展開】<br>◎食事<br>○挨拶<br>・「いただきます」と挨拶する。<br>・どんどん食べ始める。<br>・口いっぱいに頬張る子がいる。<br><br>・野菜をよける子がいる。<br><br>・おかわりしたくなる。<br>・残したくなる子がいる。<br>・デザートを先に食べたくなる子がいる。「スイカを食べてもいい？」<br><br>・食べ終わった子どもは「ぶくぶく」をする。 | ・「今から給食の準備をします」「手を洗って、コップを持って来てください」と伝える。<br>・手洗いのすすぎの様子や拭いている様子に気を配る。<br><br>・席に着いたら、机を拭く。<br><br>・一人一人の手を消毒する。<br>○メニュー<br>・今日のメニューを知らせる。「今日は七夕メニューでおそうめんです。つるつる食べようね」<br>・食材の名前を読みあげる。「豆腐、元気になるよ」「にんじん、ビタミンだよ」<br>○配膳<br>・「たくさん食べる？少しにする？」など子どもに聞きながら、量を調整する。<br>【展開】<br>◎食事<br>○挨拶<br>・いただきますの挨拶をする。「いただきます」<br>・「少しずつよく噛もうね」など声かけする。<br><br>・苦手なものでも少し食べるように「これだけ、食べてみる？」と言って促す。<br>・おかわりしたい子どもに「きれいに食べたね」「おかずは全部食べたかな」など応じていく。<br>・途中で子どもの口のまわりや手などを拭いて、気持ちよく食べられるようにしていく。<br><br>・食べ終わった子どもといっしょに口が清潔になるように「ぶくぶく」をする。<br>・順番に援助する。 |

（4）2歳児クラス／何でも食べよう

| 時間 | 環境構成 | 予想される子どもの活動 | 保育者（実習生）の援助・配慮点 |
|---|---|---|---|
| 10分 | | ・絵本を読みながら待つ。<br><br>・待てないで、うろうろする子どもがいる。<br><br>【まとめ】<br>◎挨拶<br>・保育者が食器をまとめるのを「おわん」「フォーク」など言いながら手伝う。<br>・「ごちそうさまでした」と挨拶する。<br>○次の活動へ移行する<br><br>・トイレに自分で行こうとする。<br>・パジャマを出してくる。 | ・食べ終わった子どもは、部屋の別のコーナーで絵本を読んで待つように言う。<br>・絵本を渡して、机に座って見ているように伝える。<br><br>【まとめ】<br>◎挨拶<br>・食器をまとめる。<br><br><br><br>・「給食おいしかったね。ごちそうさまでした」と挨拶する。<br>○次の活動を伝える<br>・「次はお昼寝しましょう」<br>・「その前にトイレに行って、それから着替えましょう」 |

## 【指導案作成のポイント】

・2歳児のクラスですから、自分でできることは自分でする、言葉で気持ちを表すことやほかの子どもの模倣をするなどの姿があります。語彙が増えていますので、食事時間に身に付く言いまわしや野菜の名前を覚えたり、「おいしい」や「おかわりしたい」など、人に伝える言葉も身に付けていけるよう、ゆっくり繰り返しながら伝えます。

・まだ箸ではなく、スプーンやフォークを使って食べますが、こぼしたりすることを気にするよりは自分で食べる意欲が大切です。

6. 生活場面の部分実習指導案

# 6．生活場面の部分実習指導案

## (5) 手洗い　3歳児クラス　7月　部分実習指導案
### ―きれいになったかな？―

【この指導案の特徴】

　本指導案は、「手洗い」の習慣を身に付けるための活動例です。感染症対策の中で手洗いは基本的な対策方法です。手洗いをしていない場合、約100万個のウイルスが手に付着していますが、正しく手を洗うことでウイルス量は大幅に減少すると報告されています。厚生労働省は、手洗い方法による残存ウイルス数（残存率）について「流水で15秒手洗い」の場合、約1万個（約1％）、「ハンドソープで10秒または30秒もみ洗い後、流水で15秒すすぎ」の場合、数100個（約0.01％）、「ハンドソープで60秒もみ洗い後、流水で15秒すすぎ」の場合、数10個（約0.001％）、「ハンドソープで10秒もみ洗い後、流水で15秒すすぎを2回繰り返す」場合、約数個（約0.0001％）であるとしています。

　また、様々なタイミングで手洗いをすることが大切であり、特に、帰宅時、トイレの後、食事やおやつの前後、調理前後、咳やくしゃみ、鼻をかんだ後など、こまめな手洗いがウイルスから身を守ることに繋がります。幼少期から、手洗いの習慣を身に付けることは手をきれいに保つだけでなく、感染予防における効果を理解し手洗いの重要性を学ぶ機会となることが予想されます。

## 部分実習指導案

実施日：（ 7 ）月（ 10 ）日（ 木 ）曜日
対象児：（ 3 ）歳児（ 18 ）名（ 男 8 名／女 10 名 ）
テーマ：　きれいになったかな　バイキン"ばいばい！"

● 主な活動内容 ●
・手洗い、うがいの正しいやり方を習慣として身に付ける。
・洗い残しを気にする習慣を身に付ける。

| ● 子どもの実態 ● | ● ねらい ● |
|---|---|
| ・とても活発で、様々なものに興味をもち、触れて遊ぶ姿が見られる。<br>・友達の真似をして喜ぶ姿がある。<br>・一日の流れを理解し、食事の前や外から帰った後・排泄後に手洗いをしようとする。<br>・人見知りをして他クラスや保育者たちと会話することを躊躇する子どもの姿も見られる。 | ・手を丁寧に洗い、きれいになることを実感する。<br>・絵具に触れた手をきれいに洗い流すことを楽しむ。<br>・子どもたち同士で感想を伝え合いながら作品を作りあげ、楽しい気持ちのまま絵の具に触れた手をきれいにすることを楽しむ。 |

（5）3歳児クラス／きれいになったかな？

| 時間 | 環境構成 | 予想される子どもの活動 | 保育者（実習生）の援助・配慮点 |
|---|---|---|---|
| 5分 | 〈準備するもの〉<br>・バイキンクイズ<br>・手形用の絵具<br>・ハンドソープ<br>・タオル（個人） | 【導入】<br>○着席<br>・自分のいすを持って来て着席する。<br>・隣の子どもとおしゃべりする子どもがいる。<br>・どこに座ればよいか分からない子どもがいる。 | 【導入】<br>○着席<br>・「今から楽しいことをしましょうね」と言い、自分のいすを持って来て、座るように伝える。 |
| 15分 | 〈手形プレゼント〉<br>・（降園時に）手形の紙を賞状代わりに「きれいになったね」と渡す。<br><br>手洗い場<br>ホワイトボード　㊑<br><br>・手洗い場（水道）には、手を洗うイラストなどを貼っておくとよい。 | 【展開】<br>○バイキンクイズ<br>・何が始まるのか興味をもつ。<br>・前に出てきて、パネルに触る子どもがいる。<br>・パネルを見ない子どももいる。<br>○絵具で手形を押す。<br>・机に置かれた絵具に興味深々。<br><br>・触りたくなる子どもがいる。<br>・なかなか素手で触れない子どももいる。<br>・手形を押し終わった子どもは手を洗いに行く（自分で洗ってくる）。 | 【展開】<br>○バイキンクイズ<br>・パネルを出す。<br>・パネルを用いて（バイキンが登場する）手洗いをすることの大切さを伝える。<br><br>○絵具遊び<br>・一つの机の上に手形の絵具を置き、「順番に手形を押しましょう」と伝える。<br>・「順番だよ、最初は○○さん」と言う。<br>・実習生が手本を見せ、大胆にかつゆっくり紙に手形を押す。<br>・「終わったお友達は手を洗って下さい」と伝える。<br>・手形の紙は乾かしておく。 |
| 10分 | | ◎手洗い指導<br>・子どもたち同士が手を見せ合う。<br>・自分の手を広げて、よく見る。<br>・腕に付いている絵具を指さす子どもがいる。<br>・手をいじりながら話を聞いたり、友達の爪を気にしたりする子どもがいる。 | ◎手洗い指導<br>・手を洗った子どもはいすに座るように言う。<br>・「手はきれいになったかな？」と聞く。<br>・「あれれ、まだ、指の間や爪に色が付いているね」と声をかける。<br>・バイキンクイズのパネルを出して「汚れているのはバイキンみたい、同じだね」<br>・「どうしたらきれいになるかな」「爪の汚れはどうしようか」と言う。 |

| 時間 | 環境構成 | 予想される子どもの活動 | 保育者（実習生）の援助・配慮点 |
|---|---|---|---|
| | | ・石鹸を使うことが楽しく、ブラシを使いながら、絵の具を落とそうとする。 | ・手洗い場に移動し、石鹸とブラシを使いながら洗うところを見せる。 |
| | | | ・「石鹸を泡立てて、ブラシで爪を洗いましょう」と伝える。 |
| | | ・早くやりたくて待てない子どもがいる。 | ・手洗い場が混雑するようであれば、人数を調整する。 |
| | | ・友達としゃべりながら楽しそうに汚れと格闘する。 | ・「爪の間はきれいかな」と確認の言葉をかけ、「しっかりと手を拭きましょう」と手を乾かすことを伝える。 |
| | | ・「きれいになった？」「まだついてる」「手が濡れてる」などの声が聞かれる。 | |
| | | ・子ども同士で教え合う。 | |
| | | ・自分のタオルで手を拭く。 | |
| | | 【まとめ】 | 【まとめ】 |
| | | ・「トイレの後も洗う」「園庭のときに洗おう」と言い合う。 | ・「今日は爪の中まできれいになりましたね」「バイキンばいばいだね」「毎日気を付けて手を洗ったり、うがいをしたりして、バイキンに負けないようにしましょうね」と言う。 |

## 【実施するときのポイント】

　手を洗う（きれいにする）ことを子どもたちに楽しんでもらうために、わざと手を汚す遊びを取り入れます。保育者から「手が汚れるから触ってはいけない」、「汚れているから手を洗ってきなさい」と指導されると子どもたちは「叱られた」という印象をもってしまいます。また、目に見えない汚れを指摘された場合、「ほら、汚れてないよ！」と手のひらを見せ、手を洗う必要はない、というアピールをする子どももいることが想像できます。手が汚れることは困ったことではない、しかし、目に見えないばい菌や汚れがあることを保育者と一緒に考えることが学びのポイントとなります。絵の具と紙粘土を用いることで、ばい菌や汚れに見立てることができ、絵の具をきれいに洗い流すことは目的達成（手洗い指導）の援助となります。

　バイキンクイズを実施する際には、子どもたちの目を引くようなキャラクターやイラストなどの工夫が必要かもしれません。また、紙芝居を用いて手洗い指導を進めることで子どもたちが興味をもつことに加え、教材として繰り返し利用することが可能となります。

〈参考文献〉

・ 森　功次、林　志直、野口やよい、甲斐明美、大江香子、酒井沙知、原　元宜、諸角　聖「Norovirus の代替指標として Feline Calicivirus を用いた手洗いによるウイルス除去効果の検討」『感染症学雑誌』80（5）、2006、pp.496-500

・ 子どもの感染対策は手洗いが効果的！正しい手洗いの仕方を知ろう
　https://www.alsok.co.jp/person/recommend/2105/（2023/11/04）

# 著者紹介／執筆分担 (五十音順)

## 【総監修】

**宮川萬寿美**／6-(1), 6-(4)

小田原短期大学 保育学科 特任教授, 乳幼児研究所 所長

**石黒芙美代**／3-(3), 3-(4)

小田原短期大学 保育学科 通信教育課程 専任講師

**井上博子**／2-(1), 5-(3)

元小田原短期大学 保育学科 通信教育課程

**今泉明美**／2監修

小田原短期大学 保育学科 教授

**上野奈初美**／4監修

小田原短期大学 学長・教授

**久保寺賀子**／3-(1), 3-(7)

小田原短期大学 保育学科 通信教育課程 専任講師

**高地誠子**／2-(2), 2-(7)

東京未来大学 こども心理学部 こども心理学科 こども保育・教育専攻 准教授

**佐藤穂花**／6-(5)

小田原短期大学 保育学科 通信教育課程 特任助教

**佐藤みどり**／4-(1), 4-(5)

小田原短期大学 保育学科 通信教育課程 特任教授

**澤田優子**／2-(3), 2-(6)

小田原短期大学 保育学科 通信教育課程 専任講師

**神宮咲希**／5-(2), 5-(5)

小田原短期大学 保育学科 通信教育課程 准教授

**清家弘子**／6-(2), 6-(3)

小田原短期大学 保育学科 非常勤講師
共立女子大学 子育て支援ひろば 主任保育士
東京教育専門学校 非常勤講師

**谷口征子**／5-(1), 5-(4)

小田原短期大学 保育学科 通信教育課程 准教授

**根来章子**／2-(4), 2-(8)

小田原短期大学 保育学科 通信教育課程 准教授

**馬見塚昭久**／5監修

常葉大学 保育学部 保育学科 准教授

**水島徳彦**／4-(2), 4-(4)

小田原短期大学 保育学科 通信教育課程 専任講師

**望月たけ美**／2監修

常葉大学 教育学部 初等教育課程 准教授

**山西多加**／3-(2), 3-(5), 3-(6)

小田原短期大学 保育学科 通信教育課程 准教授

**山本華子**／2-(5), 4-(3)

小田原短期大学 保育学科 准教授

**山本陽子**／1

小田原短期大学 保育学科 通信教育課程 准教授

**吉田 收**／3監修

小田原短期大学 保育学科 学科長・教授

(2024年7月現在)

きょういく　　ほ いくじっしゅう　やくだ
## 教育・保育実習に役立つ

ぶ ぶんじっしゅうし どうあんしゅう
## 部分実習指導案集

2018 年 3 月 26 日　初版第 1 刷発行
2019 年 4 月 1 日　初版第 2 刷発行
2020 年 4 月 1 日　第 2 版第 1 刷発行
2021 年 4 月 1 日　第 2 版第 2 刷発行
2022 年 4 月 1 日　第 3 版第 1 刷発行
2023 年 4 月 1 日　第 3 版第 2 刷発行
2024 年 1 月 6 日　第 4 版第 1 刷発行
2024 年 8 月 8 日　第 5 版第 1 刷発行

みやかわますみ
総監修　宮川萬寿美

発行者　服部直人

発行所　株式会社萌文書林

〒 113-0021 東京都文京区本駒込 6-15-11
TEL 03-3943-0576　FAX 03-3943-0567
https://www.houbun.com
E-mail: info@houbun.com

印刷所・製本所　中央精版印刷株式会社

組版所　株式会社 RUHIA

装　丁　高橋倫代

イラスト　西田ヒロコ

定価はカバーに表示してあります。
落丁・乱丁本は送料弊社負担でお取替えいたします。

© Masumi Miyakawa 2018, Printed in Japan
日本音楽著作権協会（出）許諾第 1709345-408 号
ISBN 978-4-89347-264-9　C3037